图解 **精益制造** *053*

工业4.0之
智能工厂

AI工場

日本日经制造编辑部　著

石露　杨文　译

人民东方出版传媒
People's Oriental Publishing & Media
东方出版社
The Oriental Press

目　录

第一章

智能工厂结合云技术

Part 1 "表"与"里"

▶ 增加附加价值的新方法
　从实物与机制两方面加以支持

　　云计算（Cloud Computing）指将计算机整个网络系统作为一个整体（云），灵活运用其计算处理及信息共享等功能。其因充满各种可能性而备受关注。

　　例如，美国 Evernote 公司的云服务"Evernote"就提供了可在云端保存、检索各种数据的功能[①]。2010 年，各企业相继推出了支持此项服务的相关产品。

---

① 每月传送的数据量在 60M 字节的范围内可免费使用。

▶ 复合机、电视机、EV 充电器……

Evernote 公司于 2010 年 6 月 23 日成立了日本法人 Evernote（总部位于日本东京）。当天，PENTEL（总部位于日本东京）发布了支持 Evernote 的数码笔"airpen MINI"。airpen MINI 是将手写输入笔迹作为数字图形记录的一种工具。将生成的记事本上传至 Evernote 之后，在任何场所都可以利用智能手机或计算机进行检索和查看。2010 年 9 月 27 日，精工爱普生公司发布了带扫描功能的多功能打印机和 Evernote 合作的公告。其后，理光的复合机于 10 月 19 日、PFU（总部位于日本石川县）的扫描仪于 11 月 15 日发布了与 Evernote 合作的公告。

在复合机市场，除理光以外，其他公司也都开始积极支持云服务。富士 XEROX 于 2010 年 3 月 1 日表示将该公司的复合机及文本管理工具与提供给中小企业数字管理功能的云服务相组合。佳能也于 2010 年 11 月 9 日开始和云服务"Microsoft SharePoint Online""Google 文档"合作。

东芝于 2010 年 10 月 4 日、松下于 2011 年 1 月 6 日相继发布了和电视机有关的云服务及相应产品。索尼于 2010 年 10 月 12 日在美国发布了相关产品公告。将数码相机的 SD 卡（Secure

Digital Memory Card，安全数码卡）设置了无线局域网功能的
"Eye-Fi 卡"（EYE-FI Japan，总部位于日本东京），可对应支持
各种云服务。

其他还发布了如家用打印机（日本惠普）、电动汽车云型充
电系统（NEC 集团）等信息。云服务主要应用于信息类相关产
品，但今后有望在工作类机械、家电产品以及各种设施领域加
以应用推广。

▶ 从规格过剩中解脱

通过将产品和云服务相连，可将至今只能靠机器实现的部
分功能交由云服务处理。这不仅能给用户带来便利，还能给机
器添加从未有过的新功能。也就是说，云开始成为增加产品附
加价值的一种方式。

理光负责"App2Me"项目（利用网络计算机控制复合机
的机制）的 MFP 事业总部事业战略中心的安达真一对在复合
机上安装的所有功能是否真的便捷提出了质疑。现在，很多工
厂都追求产品的高度功能化，结果却导致存在大量用户根本不
使用甚至不知道的功能上的浪费。这些功能甚至让用户难以将
之与想使用的功能加以区分，产品的价格也会因为功能的增多

而变高。特别是在发展中国家，功能过多导致了大量的"规格过剩"。

机器与云组合的形式或将解决上述问题。用户从云端选择想使用的功能，下载到机器上，只需支付相应服务的使用费用即可。对于用户来说，不仅删减了多余功能，操作起来更加简便，机器用起来也更加得心应手（图1-1）。

仅靠实物实现高附加价值　　　　　　运用云服务,实现高附加价值

- 增加了只有部分用户使用的功能
- 实物变得更复杂
- 用法更复杂(难以使用)
- 购买后功能无法扩展

- 用户可选择想使用的功能
- "实物"简单化
- 用法简单(简便易用)
- 购买后用户可根据需要扩展功能

图1-1　利用云计算，实现产品的附加价值
产品不仅会简单化，还会产生很高的附加价值。

理光的App2Me具备"将A2大小的设计图用A3大小的扫描仪分两次读入"的功能。尽管复合机可以读入设计图，但对实际设计图的处理都是由网上的计算机加以实施的。

也就是说，即使复合机没有嵌入该功能，操作人员也可以

将复合机和网络上的计算机相连，对复合机加载相关功能。实际上，仅有部分用户可能会使用复合机的"将设计图分开读入"的功能。在复合机主体上安装该功能实际上是一种浪费。

▶ 购入产品后的功能扩展

用户购买、使用机器后，通过与云服务组合，仍可提高机器的性能。以往，用户只能使用购买时机器已有的功能。和云组合后，即便是在用户购买产品之后，商家仍能向用户继续提供追加功能的服务。东芝技术策划部关键技术策划负责人片冈秀夫说："开发新功能时，一般来说，已经无法对已卖出的旧机型进行修改了。但云的出现，却将这种不可能变成了可能。"

从此不再是简单地对装入的软件加以更新升级，随着云技术的出现，可对全新的功能进行追加。"新功能"可以在互联网上和第三方提供的各种不同的服务相组合，能够根据用户需要组合构成多种功能。

此时，商家需要在云端设置面向用户的相关产品服务，如设置选项栏及内容等项。商家不必自己构建云服务，利用已经购买的云服务，使用适用于构筑系统的计算资源和软件等功能，可迅速构筑自己的云系统。构筑云服务时，也会利用其他的云服务，这种容易组合搭配的特点也是云的特点之一。

因为可与其他用户共享计算能力、存储容量以及应用程序软件等资源，所以云服务是一种根据处理的需要，自动分配空闲资源的技术，能够有效减少不必要的资源浪费。

▶ 表云端和里云端

作为提高产品附加价值的一种手段，除了上述可见的用户使用"表云端"的事例外，还包括用户不可见的用来设计开发系统基础的"里云端"①。可将这里所说的表与里的区别形容成东京大学研究生院教授藤本隆宏所指出的制造业竞争力，即"表的竞争力"和"里的竞争力"②。表的竞争力指产品功能及性能等用户方可见的竞争力，而实现表竞争力所需的机制和技术等用户不可见的部分则为里的竞争力。

里云端具体指 CAD、PLM 等设计开发系统、生产管理以及设备管理等支撑业务的系统中所使用的云计算。和表云端一样，

---

① 这里所说的表与里的区别，并不是指使用系统的企业自己构筑的"私云"与利用其他公司服务构筑的"公共云"的区别。

② 藤本隆宏:《能力构筑竞争——为什么日本的汽车产业处于领先地位》，中公新书，2003 年。

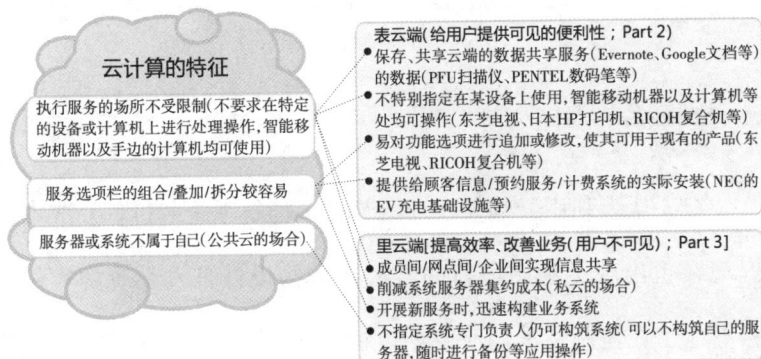

图 1-2　表云端和里云端

　云对表（对用户提供附加价值的机制）和里（用户不可见的设计开发系统）双方均有效。

里云端充分发挥了云计算的优点（图 1-2）。

　　其直接优点和表云端一样，更易构筑系统。如果使用构筑系统用云服务，则不必在本公司内进行选择计算机硬件、设定服务器以及管理应用等工作。如此一来，不仅节省了人力，还不必再指定专门的负责人，更利于中小企业构筑系统。

　　另一方面，大企业可自己构筑云端，即在公司内构筑利用云端技术的网络系统（私云）。多数情况下，具有可减少服务器数量的优势。服务器要求在估算负荷之外必须留出足够的余量，现有系统因为在每台服务器上都留有额外的余量，造成了很大的浪费。云端技术会将余量问题作为云整体来考虑，因此服务器的容量不必再高于预算容量。

▶ 表里结合

有人认为利用云端仅在开始节省了构筑系统的过程及成本，但现在也出现了利用最新的云形态重构设计开发系统的实例。松下电工住建制造采购改革创新中心的中谷光男说："利用云端信息连接上的便利性，可实现各种可能。"

云具有可与各种内容和服务相组合的特点。因此，设计开发系统也随着云端化的趋势，易与其他内容和服务相组合。在向用户提供信息的系统中，易对设计开发系统内的部分信息加以组合。换言之，通过开放里云端的信息，可达到表里结合的目的（图1-3）。

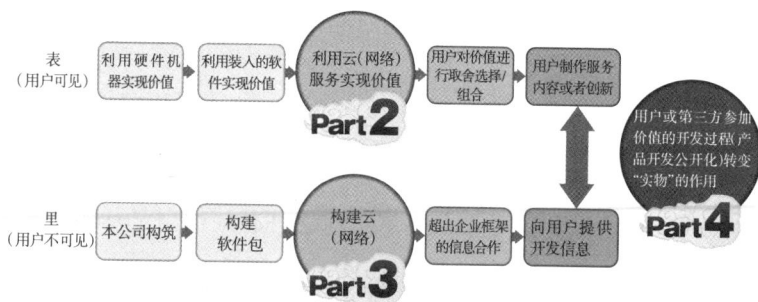

图1-3 变化中的产品开发方法

不仅制造商，用户自己也可制作云服务。可以说部分产品开发工程已开放。

我们才刚刚进入真正的表云端（提高产品的附加价值）和里云端（提高制造商的业务效率、降低成本的手段）联合开发的阶段。然而，仔细查看该内容，可看出部分制造商已经出现了促使产品开发公开化的因素，我们已经开始进入综合提高产品制造质量机制的阶段。

▶▶ 将云端比喻成"自来水管""公共交通系统""银行"并加以说明

业界经常将云计算或者云系统（图1-4）比喻成不同事物以便于对其加以说明。比较形象的有"自来水管""公共交通系统""银行"，这些比喻贴切地表现出了云计算的几大特点。即使实现云的IT技术有所变化，但这几大特性的本质都不会改变。

"自来水管"是将连接上网络就可以享受各种服务比喻成一拧开自来水龙头就会从水管中流出水。自来水管是由地方自治体提供的公共设施，而提供云的企业即使是私企，也可以将其看成提供计算能力和存储容量的基础设施。使用者不必再像从前一样自己准备服务器，可以利用同样的计算资

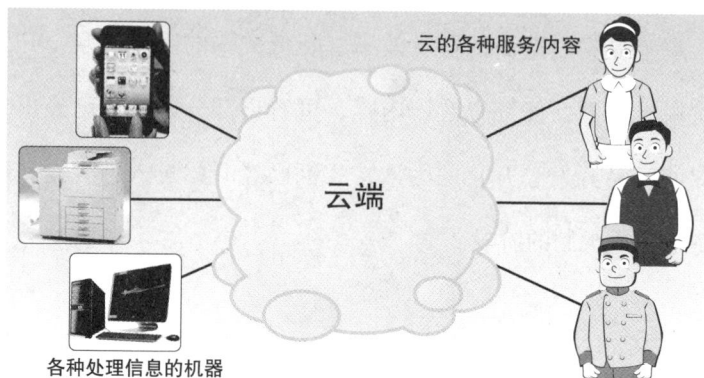

图 1-4 云计算的结构

可通过自己的电脑、智能移动终端等信息机器来使用云（网络）提供的服务，而且不必知道是从何处提供的该项服务，不受服务提供场所以及使用场所的限制。

源服务。

用水的人即便不知道所用的水来源于哪个净水厂，仍可正常用水。这形象地对用户即便不知道服务的提供方是谁仍可享受服务做出了比喻。

"公共交通系统"的比喻是将在本公司内构筑 IT 系统比喻成私家车，而将云服务比喻成轨道交通等公共交通部门。乘车者必须按照轨道交通部门制定的列车运行时刻表乘车，交通费便宜，乘车者不必对设备进行维护。并且，和汽车相比，单位运输量所消耗的能源更少。而汽车与其相比，不利因素是需要使用者自行对汽车进行维护，并且需要承担交通事故等责任，有利因素是出行更加方便，可随时开车去自己想去的地方，使用灵活方便。将云比喻成公共交通系统，也表现出其很难满足用户的全部细微需求，如实时控制设备所要求的 100 μs（微秒）内必须应答等要求。

"银行"的比喻经常用来说明云服务的质量及数据的安全性。一般来说，云服务必须在相当程度上保证对用户的服务连续性及数据安全性，具备应对异常情况的应急体制以及备份体制。用户很难自己做好备份工作，和很多情况下用户自身仅能进行有限的操作相比，云服务可确保更高的安全性。

很多人将关系到身家性命的钱财存入银行。如果藏入柜子中，一旦发生偷窃或遭遇火灾，就可能会蒙受损失。人们普遍认为银行更加安全。也有人认为，云和银行一样，存在将公司内的重要数据泄露给云端工作人员的风险。

Part 2 表云端

▶ 从"外部"引导出机器自身的强大功能

既实现了多功能，又实现了简单化

以往，要想实现产品的附加价值，只能将功能集成到结构中，或者在机器内部装入控制用的软件。而自2000年前后开始，通过和机器外部的计算机或网络相连，利用计算机处理实现产品附加价值的想法开始出现。可是在当时，是无法保证机器在任何时间或任何地点都能和计算机相连接的。

云计算由于不受场所的限制，所以实现了随时随地联网的功能。例如，如果使用无线局域网或手机的通信网络，不管计算机在哪里，都可以通过访问网络连接到计算机上，查找所需要的信息，即机器可以随时借助计算机的功能。

"表云端"因为给用户提供了利用云端计算机计算能力的便

利性而渐渐被广泛应用。这也为解决之前一直探寻的单靠机器
本身无法解决的问题提供了契机。

▶ 与数据保存、检索服务合作

究其根本，是与可在云上登记录入、检索信息的
"Evernote"或"Google 文档"等服务的合作。这些服务在创办
之初，本来是为方便个人将想到的事情记录成文本文件，或将
感兴趣的网页上传。上传的数据可在工作地点或家里等任意场
所查看。

由于许多服务都是免费的，可使用相当大的存储容量，因
此会员数量急速增加。Evernote 的免费会员数量在 2010 年年初
就已在全球达到了 200 万人，2010 年年末更是超过了 600 万人。
在这种状况下，像扫描仪这类生成数据的机器可通过利用云的
数据保存和检索等服务产生更大的附加价值。因此，在 2010 年
下半年，很多机器制造商都开始计划与 Evernote 等服务合作（图
1-5）。

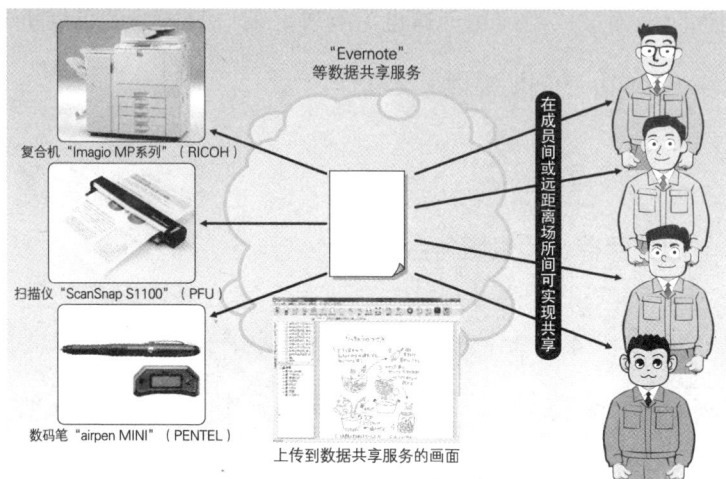

图 1-5 利用云端追加信息共享功能

能将数据存储在云端并将生成数据立刻上传至云端的产品（复合机、扫描仪等）正在增加。用户无论在何处都可以查看数据，并且在注册了服务的成员间实现了数据共享。提供此项服务的供应商有 Evernote（美国 Evernote 公司）和 Google 文档（美国 Google 公司）等。

在云端共享手写笔记

PENTEL（总部位于日本东京）的数码笔产品"airpen MINI"自 2010 年 6 月起可支持使用 Evernote。Airpen MINI 主体是 2008 年开始发售的产品。该产品既具备纸上墨水书写的功能，又具备利用两个接收器捕捉笔尖发出的超声波信号，从而达到跟踪笔尖运动轨迹将笔迹数据化的功能。

"除了将手写文字以及图形进行数据化的功能，有的用户还希望将 Web 网页以及文本信息等内容保存在记事本上。当然，能进行一元化管理更好。要想实现这些功能，云服务是最佳之选。"PENTEL 电子机器事业部数码笔营业部的田岛宏介绍说。该公司于 2010 年 3 月迅速开展了将 Evernote 转译成日本语版本的工作，并于同年 6 月完成了任务。在可将手写文字或图形存入电脑的软件"airpenNOTE"中追加了一个按钮，点击该按钮可向 Evernote 传送数据。

PENTEL 电子机器事业部并未自行拟定构建这种机制的方针。实际上，该事业部在 2008 年 11 月开始发售 airpen MINI 时，就已经开展了名为"文字俱乐部"的专用 Web 服务。提供将类似明信片的背景画面与手写文字合成在一起，通过邮件发送的功能以及在日历上手写预约的功能。

可是，该事业在手写文字和图形相关功能的开发方面仍受到了一些限制。当前全球有很多公司都具备处理图像数据以及文本数据的功能，因此该事业部对此项目进行重新开发的意义不大。而如果利用云服务，则可彻底解决这些难题。

现在，airpen MINI 利用近距离无线通信规格的蓝牙功能，正在开发和"iPhone"之间进行数据交换的功能。如果该目标得以实现，则不用计算机也可以使用 iPhone 将手写文字或图形上传到 Evernote。

将扫描仪与应用连接

PFU（总公司位于日本石川县）发售的便携式小型扫描仪"ScanSnap S1100"可支持云服务使用，这也是为了增加使用扫描仪生成数据的利用价值。S1100便于携带，不管在任何地方都可使用，与云服务十分契合。该公司的高级桌面型扫描仪也可支持云服务。

云服务不仅支持 Evernote，也支持 Google 文档以及经营辅助服务——"Salesforce CRM[①]"［Salesforce.com（总部位于日本东京）］。PFU 的扫描仪常用于读取名片，Salesforce 可实现对名片信息的客户信息管理。PENTEL 的 airpen 同样在电脑驱动的扫描仪软件上设置了按钮，可将数据传送到云服务。

PFU 形象商务组 ECM 营业部部长松本秀树表示："随着书面文件数字化需求的增加，我们更加专注于将制作的数据应用到业务上。"即使数据不在业务应用方面加以使用，也可增加扫描仪的价值。方法之一是添加支持云服务的功能。松本秀树表示："今后会逐步实现支持各种服务。"

----

① 在线客户关系管理平台。——编者注

▶ **解决现有产品的不足**

自 2010 年 10 月起，东芝出产的电视和 HDD 录像机便推出了可支持云的 "REGZA[①] Apps Connect（REGZA 应用程序连接）" 服务。功能有两个：其一是可使用 iPhone 等智能手机和 iPad 等平板电脑终端进行遥控操作[②]；其二是可将录制节目的片头信息 "标签" 列表在云端实现共享（图 1–6）。

以往该公司的 HDD 录像机是根据包含节目名称和播放时长的标签信息来播放相应节目的。而如今，通过从云端获取标签信息，用户可以根据自己的喜好选择体育、综艺等节目，并且可选择观看有自己喜欢的选手及歌手出场的片段。

智能手机或平板电脑终端可安装名为 "Apps" 的简单应用程序，程序中包含了各种各样的功能。Apps 通过边参考云端信息边对机器发出指令，实现了相应的功能。

---

① REGZA 是日本东芝（Toshiba）于 2006 年 2 月 21 日发布的视听产品的新商标。——编者注

② 仅支持 iOS 机型。

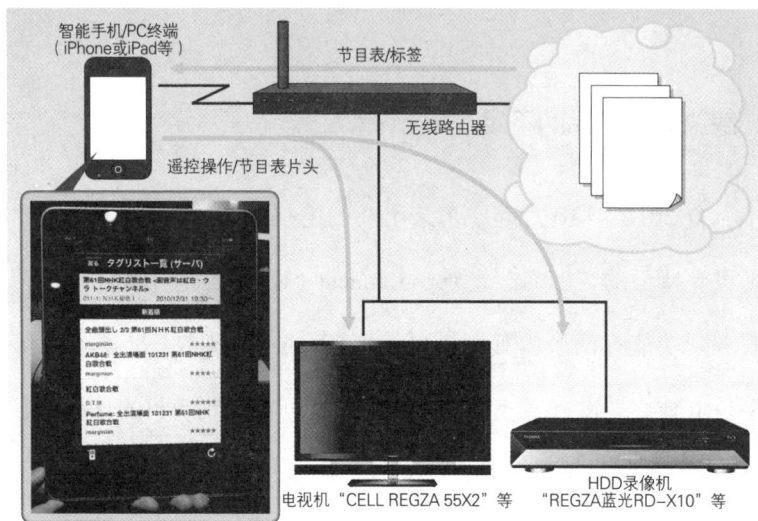

图1-6 设定了云联动功能的电视机和HDD录像机（东芝）

解决用户没时间看已录制节目的积压问题，实现了附加价值。因为节目名称和时间信息得以在云上共享，更容易查找并选择提取有自己喜欢的演员出场的歌曲或综艺节目愉快地进行观看（例如，可查找出日本"第61届NHK红白歌会"中"AKB48"上场的十几处演出片段）。

录制了节目却没时间看，反而需要花费时间去删除

第二个功能貌似简单，却无法在电视机或HDD录像机单机上解决。随着HDD录像机的发展和普及，人们可以轻松录制电视节目并在方便的时间收看。然而，"录制的节目积攒了好多，却没时间看。这些内容占满了录像机的存储空间后，机器就不得不自动删除一些节目来释放空间。很多用户都有这样的烦恼。"东芝技术策划部关键技术策划负责人片冈秀夫如是说。

这种烦恼无法靠增大 HDD 的存储容量来解决，因为问题的本质在于人的时间有限。增大存储容量，只会让没时间看的节目积攒得更多。

因此，该公司想找到一种解决方案，让用户不必花费过多的时间就可以收看节目的关键部分，进而尽量解决用户的烦恼。这不仅要求满足用户收看节目这一前提条件，还需要满足不同用户的不同需求。片冈秀夫说："以足球为例，有的人希望看某个特定的选手，有的人想看某个精彩的片段，甚至有的人想搜寻看台观众中的美女。用户的兴趣点是无法确定的。"

因此，根据个人兴趣将想看的节目集锦制成标签列表，上传到云端，即可在用户间实现共享。这样只要查看和自己兴趣相同的人的标签列表，就可以收看重点节目的重点片段。

支持已有机型

机器具备了"根据标签信息播放相应的片段片头信息，选定该节目后播放的功能"。2004 年年末，这种按照计算机指令执行的功能已经在东芝产品上使用。REGZA Apps Connect 的功能使得智能手机和平板电脑终端都具备了这种计算机的作用。因此，REGZA Apps Connect 功能导入后，已经支持了约 60 种 HDD 录像机的机型。

云服务自身也处于逐步进化的过程。按照现有的想法，每次设置新功能时，还需要花费大量的时间精力去设计制造支持相应功能的机器，并且这些新功能无法应用到用户已有的旧机器。如果能将云和 Apps（应用程序）职能分开并不断升级，则不仅是新机器，就是对已有机器也可添加新的功能。

消除复合机操作上的烦恼

理光在复合机的设定和操作上引进了"App2Me"机制。利

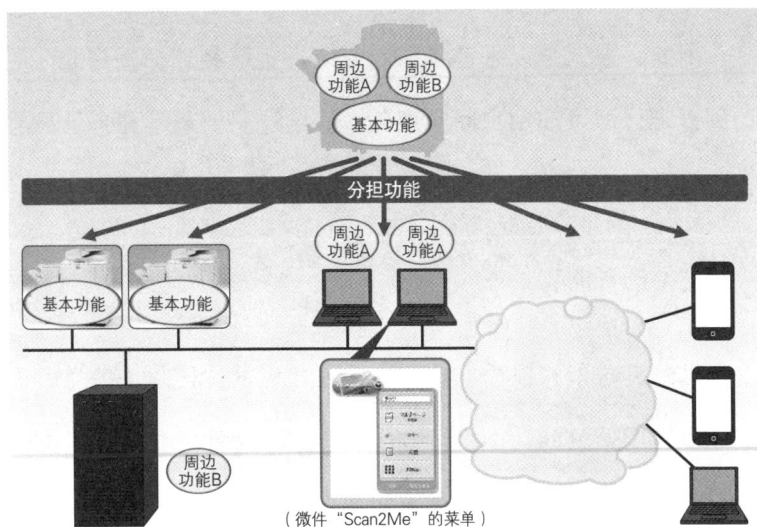

（微件"Scan2Me"的菜单）

图1-7　网络分担复合机的各项功能（理光）

在复合机本身上实现全部功能不一定会很方便，于是开始利用网络分担部分功能。例如，使用手边的电脑，根据个人的喜好对扫描文件时的细微设置进行设定（在实际进行扫描时，可迅速从复合机的操作面板上调出功能设置）。

用网络和计算机联机，可通过计算机对复合机进行操作，避免用户对复合机使用不熟练的尴尬。"从前我们理所当然地认为复合机是产品或服务的中心。但现在，以每个人使用一台以上电脑为中心的趋势渐渐占了上风。"理光事业战略中心 MFP 事业总部的安达真一说道。如今，理光一改仅在复印机上安装所有功能的原有方式，开始利用网络分散机器的功能（图 1-7）。

App2Me 将复合机与个人电脑经网络联机，执行复合机的设定等处理任务。对于复合机来说，计算机相当于云服务的服务器[①]。

例如，复合机具备了将文本文件扫描并保存在网上的个人计算机文件夹中的功能。这个功能的设定不容易让人理解。而且，扫描仪的信息读取条件会根据使用者的喜好或文件的内容进行变动，因此在扫描开始前，一般需要将条件逐一重新设定。如果在复合机本身上安装特定功能，则很难解决上述问题。因此，将该功能分配给网络，这一点和东芝的目标相似。

操作变得简单

App2Me 经由网络计算机驱动被称作"微件（Widget）"的

---

① 尽管复合机使用者没有利用云服务，但从复合机的角度来看，其是与网络中某处的电脑相连，共同进行操作的。从这点来说，近似于云计算。

简易应用程序。微件细分出"设定扫描仪""装帧""单张集中印刷"等功能单位，单个功能简单，操作也容易。使用者只需选择复合机操作面板上的图标，确认"本人使用"和"使用此微件"两点。之后，复合机即可从网上搜索到该使用者的计算机，通过和微件进行信息交换，执行指定的设定并处理任务。

微件还可以安装个人特有的处理应用，并通过网络安装被提供的云服务的联合功能。也就是说，即使不增加复合机主体的功能，仍可起到功能更新的效果。App2Me 的对应机型甚至可追溯到 2007 年秋天以后出产的机型，在这一点上，和东芝相同 [①]。

没有打印机仍可打印

美国惠普公司的家用打印机设置了和云服务直接进行信息交换的功能，即使没有计算机也可以进行操作。从对实现功能的场所进行"再配置"这一点来看，和理光等公司具有共同点（图 1-8 ）。

该公司的"邮件打印"功能指利用智能手机等终端，将文件发送到打印机的固有邮箱中，打印出该文件的功能。实际对

① 需要安装 2 万日元（不含税）的扩展卡。

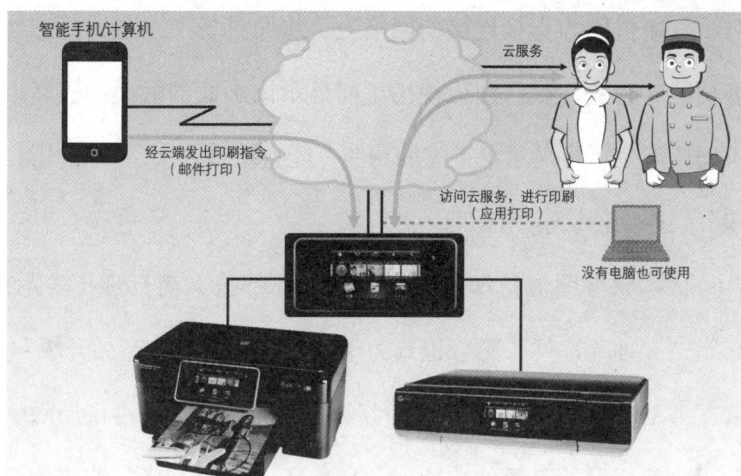

打印机：左边为"HP Photosmart C310C"、右边为"HP ENVY100"，均由美国惠普公司生产

图 1-8　没有电脑也可使用打印机打印（美国 Hewlett-Packard 公司）
　　"邮件打印"模式下，从手机等终端将文件添加到打印机的固有邮箱中，该打印机可将该文件打印出来。还可以从打印机的操作屏上访问网络，从网站打印出优惠券等内容。可以说是将以往依靠计算机执行的功能交由云端执行。

邮件进行处理的并非打印机，而是美国惠普公司的云服务。将以往由计算机执行的处理任务移交给云端执行，可在各种不同的场所发出打印指令。

　　"应用打印"功能指从打印机的操作屏（触摸屏）上，打开互联网上的 Web 服务网页，根据服务内容，打印出所需要的优惠券或贺年卡等内容。其相当于将计算机执行的处理任务分配给打印机和网络执行。

打印机因为直接连接到网络上，从而具备了一定的信息处理功能。为此，操作面板使用了能显示出画面的触摸屏。高级机型还配备了可显示出键盘的功能，能直接输入文字。"应用打印"服务支持检索功能。

日本惠普图像打印业务消费市场部部长大高真理子表示，与东芝和理光一样，惠普也致力于"在客户端实施产品升级"。云服务的发展可促进在打印机上增加新的功能，不再仅局限于购买打印机时所具备的功能。大高真理子说："和必须购买新机器才拥有新功能的现况相比，今后在购买产品后仍可提高产品功能的方式肯定更受欢迎。"

▶ 利用云端技术构建基础项目

NEC 在使用了电动汽车（EV）专用快速充电器（该公司集团企业高砂制造厂制造）的充电设备上配备了云服务。可以想象，将来不仅在家庭或企业，连汽车经过的街道以及街道沿线都会配备快速充电器。日本国内的电动汽车可在 20~30 分钟内充上 80% 左右的电。可是，"如果仅供应充电器个体，仍无法成立事业性项目。"NEC 中央研究所服务基础研究组的山崎俊太郎说。

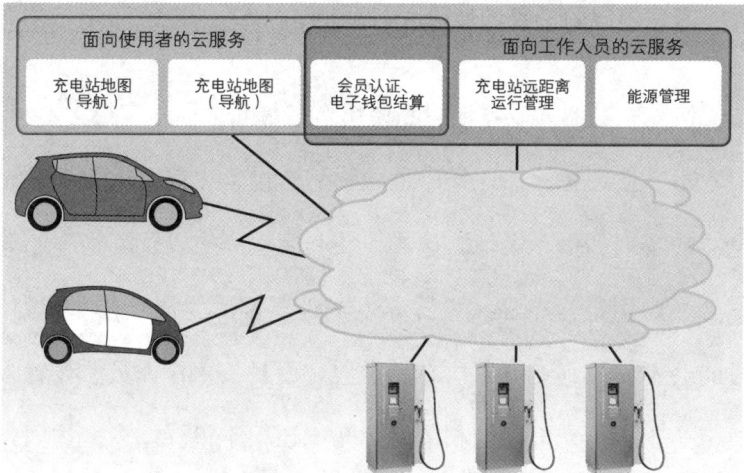

电动汽车专用快速充电器 "TQVC200M1" "TQVC500M3"（均由高砂制造厂制造，照片中的机型为TQVC500M3）

图 1-9　将 EV 用快速充电器连接到云端（NEC）

不仅是在各地设置充电器，因为连接到了网络（云）上，驾驶员在驾驶过程中，还可以搜索到充电器的位置，并可预约使用的时间。而从机器管理、电子现金（代替通常的现金业务）结算方面来看，对使用方也极为有利。

云服务既对开电动汽车的人有利，也对配备充电器并提供充电服务的工作人员有好处（图 1-9）。针对电动汽车的驾驶员提供的服务有：①通知电动汽车充电器所在的位置，并在导航图等处显示；②预约使用充电器的时间；③信用卡结算，必要时提供累计积分等便利性服务。例如，行车过程中电动汽车搜索到前方某处充电器的位置，就可预约到达后即刻充电的服务。

而提供给设置充电器工作人员的服务有：①远距离维护；②电力管理（在设备配备者签约的电力范围内使用）等。

不同领域的设置者加盟

快速充电器的设置地点和使用形态都和加油站有很大不同。前者不必使用像汽油这样的危险物品，设备也仅要求有配备充电器的场地和停车场地。这样，便利店、商店以及购物中心等都会考虑引进充电器，设置充电场地。但因为属于小型机器，可能会不易找到充电器所在的位置。而且，工作人员（设置人员）是否了解充电器的相关专业知识还很难说。综合上述因素考虑，必须将充电服务和上述云服务相组合。

使用信用卡等方式结算的功能省去了回收现金的环节，从这一点来看，其可以说是为配备方提供便利的服务。充电器通过电线供电，不必像自动售货机那样需要用卡车等交通工具配送饮料等商品。偏远的地方都可以进行配置，事实上也存在这样的需求。如果要实现自动化运行，需要具备电子现金结算的功能，这样就不必频繁流通纸币和硬币了。

山崎俊太郎说："如果像现有的加油站所属的大公司那样自己准备设备，可能就不必使用云端了。"但就现况来看，大企业并未出现大规模开展铺设电动汽车充电基础设备的情形，反而是中小规模业者设置充电器的情况越来越多。针对这种情况，山崎认为各个设置者更宜使用云端服务。

Part 3 里云端

▶ 削减成本的同时，产品开发基础也发生了变化

松下电工住建制造采购改革创新中心的中谷光男于 2009 年在该公司电气事业总部构筑了公司内部云端（私云）的技术性系统（PDM）。构建之初是为了汇集计算能力强但余量过剩的服务器，进而达到节约计算资源和运行成本的目的（该目的已基本按照计划达成）。

不说削减了服务器的台数所取得的显著成果，单就顺利推进了云端化的进程就已让中谷光男感到惊讶。云端化后，由哪个服务器执行处理任务并不明确。也就是说，"可在任何地点执行处理任务"。中谷光男认为这将实现信息联合共享等各种新机制（图 1-10）。

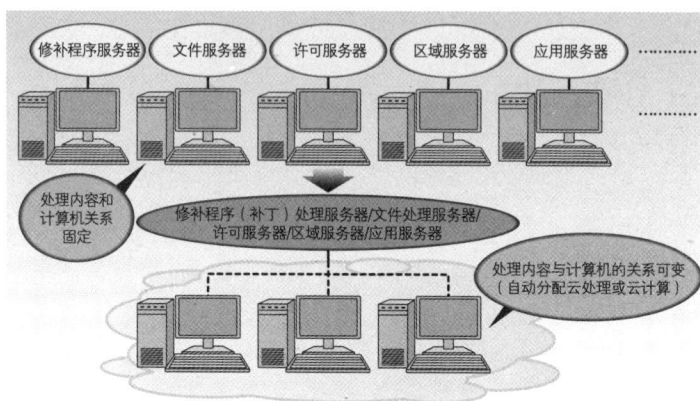

图 1-10　利用云计算集中服务器

　　直接的优点在于减少了服务器的台数，进而达到节省系统相关成本的目的。而正是实现了自动对服务器的计算资源进行动态分配，从而使目标的达成成为可能。以往，必须根据各个处理作业配备容量更大的服务器。而且，云还具有其他本质上的优势。图中资料来源于松下电工的解决方案。

▶ 服务器由 7 台汇总成 1 台

　　利用云端化汇总服务器的效果非常显著。首先，原有的共计 11 台服务器已缩减到 5 台。具体是将 11 台中的 7 台汇总成 1 台，其设置的地点、消耗的电量以及发热量都缩减到了原来的 1/7。作为构建云的最初成果，具有充分的价值。

　　之所以取得了这样大的成果可以说是因为现有的系统设计余量过剩，但据构建云之前的 2009 年初夏一个月的调查结果显示，7 台服务器的平均 CPU 使用率高峰时也不过才占用了 7.1%。而其他服务器中，也只有 1 台服务器的 CPU 使用率超过了 30%。

在现有的系统中，每台服务器的处理内容是确定的。因此，在设定服务器容量时，会根据处理的内容留有足够的余量，以免影响处理速度。但这样会导致日常 CPU 的计算能力出现极端过剩的结果。

中谷光男在虚拟工具"VMware"（美国 VMware 公司）的平台上执行 PDM 工具"Teamcenter"（美国 Siemens PLM Software 公司）的操作。VMware 是一种可将 1 台服务器像多台服务器一样使用的工具。一直以来，都是 7 台服务器各自处理各自的任务，而 VMware 可提供分配出各个服务器功能的"虚拟服务器"，像以往的系统一样工作（虚拟化）。

在实际运作前，中谷光男虽然也对这种做法是否可行存有疑虑，但结果显示，在 VMware 平台上运行 Teamcenter 完全正常。中谷光男感叹说："软硬件结合的运作方法非常棒。"之后又运行了半年，均没有出现任何问题。

▶ 解除硬件障碍

VMware 还可用于几台物理服务器同时存在的场合。不需要用户决定应用软件由哪台物理服务器运行，而是由 VMware 自动进行分配处理。即使由公司自行构建的云系统，也不必再像以往的系统一样耗时耗力，在选择硬件或调整上节省了很多劳力。对设计技术者来说，减少了选择硬件和调试等工作量 [①]。

实际云端化后，会引发更多的设想，如能否进一步在网点间扩大云的范围等。在几个网点间使用相同的设计系统，也更容易实现信息共享。因此，不管是在某个网点开展新的设计开发业务，还是在网点间移动现有的部署，都会变得更加容易。

更多企业在全球设置网点，促进了业务的全球化发展。网点的合并与撤销以及功能的再配置都不可避免，而系统的云端化更易应对这些情况。

▶ 关注原本的制造业工作

小岛冲压工业（总部位于日本爱知县丰田市）构建的用于订货发货时使用的数据交换（EDI）系统就是中小企业间利用云端共享信息的典型事例。其作为第三方可利用的开放性系统，从 2009 年 7 月开始运作。

---

① 松下电工的中谷光男试着在 VMware 上运行验证新版 Teamcenter。通常情况下，需要运行新硬件时，如果不先和现有的系统断开后再测试，就可能会对现有的系统产生恶劣影响。而 VMware 即使物理上使用同一个硬件，理论上却是作为其他硬件执行处理任务，因此并未出现问题。

最初，小岛冲压工业打算自主制作自己的 EDI 系统。可是，"如果不同的车体制造商都设计各自的 EDI 系统，对本公司来说，需要应对不同的 EDI 实在是很麻烦的事。制作独自的 EDI 系统只会使工作量增加。"该公司董事长小岛洋一郎说出了曾经所面临的烦恼。

而正在该时期，小岛洋一郎了解到日本经济产业省正在考虑 EDI 的标准化问题，于是应征了政府的这一"IT 化促进事业"并被选为试点。于是，以开放化为前提，小岛冲压工业开展了系统的开发工作。

小岛洋一郎希望中小企业通过利用 EDI 系统，能有更多的时间专注于原本的制造业工作。他说："制造分为人员参与的所有工作和计算机管理工作。而对于中小企业来说，简单却琐碎的工作占用了太多的时间。我们不应该在开账单、收款以及银行手续等琐碎工作上占用太多的时间。"

实际运作的结果出乎意料。不仅是中小企业，连具有相当规模的大型钢铁以及化学等原材料企业也都参加了这一项目。尽管这些企业比小岛冲压工业的用户企业的企业规模更大，但也必须应对用户各自独有的 EDI 系统，多种多样的 EDI 给这些企业增加了很多新的负担。因此，小岛冲压工业构建的开放式 EDI 系统的价值不言而喻。

▶将三维 CAD 云端化

　　云既可用于信息开放性共享，又可用于信息保密。例如，服务器运行三维 CAD，而在客户端（瘦客户机）上使用 SaaS（Software as a Service）型服务的功能。因为不必将三维模型传送到客户端，所以减少了信息泄露的危险。

　　小岛冲压工业的三维 CAD "CATIA V5" 是越过网络运行的系统（图 1-11）。设计部门不必再预留设置工作站的空间，取而代之的是配备了瘦客户机用的端末。CAD 通过服务器室的服

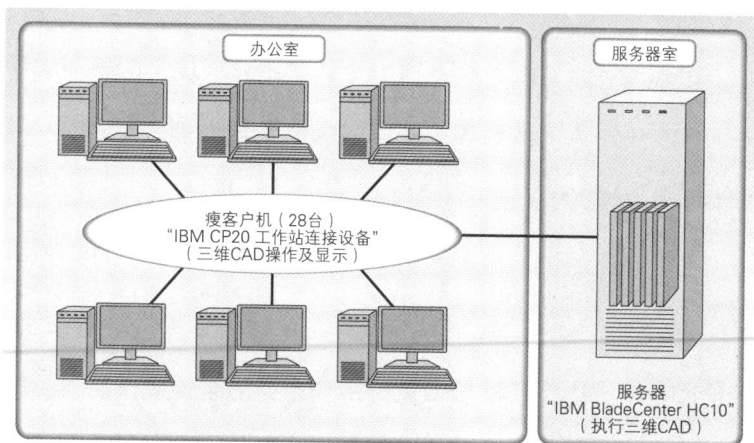

图 1-11　在 SaaS 平台上运行三维 CAD
　　小岛冲压工业在服务器室的服务机上运行三维 CAD "CATIA V5"，办公室中，利用瘦客户机专用端末进行操作。专用端末不带 HDD，计算负荷小，发热和噪声都不大，配备了和终端相同数量的薄型服务器。

务器运行并连接到网络。这样不仅减少了 36% 的消耗电量，工作室中也不再受噪声和机器发热的困扰。

三维 CAD 需要执行繁重的描画显示处理任务，而要在远程地点经网络执行描画处理任务，会对网络造成很大的负荷。即便如此，小岛冲压工业技术策划部参事兼子邦彦表示："试验证明不会出现太大的问题。"这也可归因于该公司处理的产品形状并不是特别复杂，三维模型所占用的容量不是很大。

▶ 开始提供云 PDM 服务

市面上支持云的 PDM 工具可构建云 PDM 系统。利用这些系统工具，还可在 SaaS 平台上提供 PDM 功能的服务。

自 2011 年 3 月起，NEC 计划推出 PDM 工具"Obbligato III"。Obbligato III 不仅可供企业用户构建自己的系统，还可通过运作 NEC 的服务器，经网络提供 SaaS 平台的功能服务，以及应用户企业的要求，增加一些可自定义的"个别支持型云服务"。

Obbligato III 和旧版 Obbligato II 相比，功能被细分，独立性更高。利用 SaaS 时，既可将各个功能分开使用，又可组合使用。还可分开使用每个功能的 SaaS 型服务和个别支持型服务。例如，零件表（BOM）管理功能利用个别应对服务，而化学物质管理则采用 SaaS 服务中 Obbligato III 原有的功能。

电通国际信息服务（ISID）自 2011 年 4 月起提供 SaaS 型服务中的 PDM 功能。可签订一个月的合约，申请使用和维护（包含节假日和夜间在内的所有时间段）的服务。月租约为每 20 个用户 20 万日元。该服务利用了由美国亚马逊公司的关联企业提供的云服务"Amazon Web Services"，运行支持云端的 PDM 工具"OpenPDM"［CORE（总部位于日本东京）］。ISID 备有不同业务分类的 OpenPDM 用模板，辅助使用该服务的企业尽快构建 PDM 系统。

上述服务用于构建"里云端"，在本书的 Part2 中，还介绍了可提高产品附加价值的服务。富士通提供的"NextValue"产品以制造商为对象，旨在将产品和云端相组合。该公司原本供应组装机器用的中间件"Inspirium"，随后作为 IT 供应商，也开始提供构建系统用的云服务。Inspirium 和云端互联，可实现 Inspirium 的搭载产品与该产品特有的云服务之间的联动。

▶▶ 资源动态分配技术是云的关键

支持云计算的技术中，与虚拟化共同成为核心的是对多个服务器进行计算资源管理并根据需要执行处理任务，分配该资源的功能（自动资源调配功能）。因为有这个功能，云服务的提供者不必在服务器上投入过多的资金，即可降低所提供服务的价格。一台计算机中，通常都是通过 OS 进行资源管理的，而云端化能够经由网络对所连接的多个服务器进行管理。

可通过有无资源调配功能对云服务和以前类似的服务加以区分。例如，经互联网提供软件功能的想法在以前的"ASP（Application Service Provider）"中就有，这和"SaaS 平台"极像。使用方完全无法对二者加以辨别，而供应方系统在使用 SaaS 时，具有服务器间自动再配置处理任务的功能。

云服务，除了提供应用软件功能的 SaaS 外，还提供了中间件的功能，有用户可导入应用或进行设定的"PaaS[①]"以及仅装有 OS（Operating System；操作系统）的计算平台

---

① Paas 是 Platform-as-a-Senia 的简称，意思是平台即服务。Paas 平台是把服务器平台作为一种服务提供的商业模式。——编者注

"IaaS[①]"等类型（图 1-12）。提供跟产品密切相连的"表云端"服务时，由于提供的基本上是具体的处理功能及内容，因此多使用 SaaS 型平台。

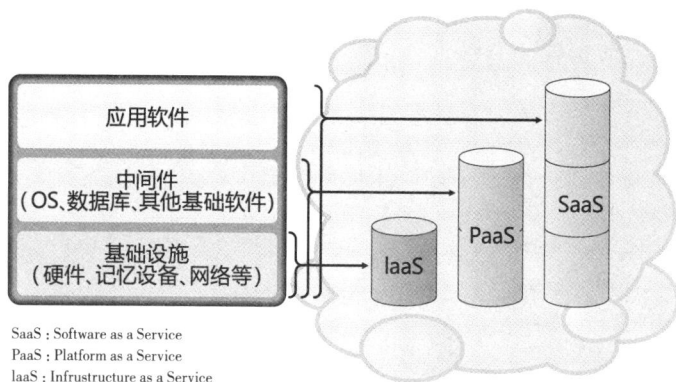

SaaS : Software as a Service
PaaS : Platform as a Service
IaaS : Infrustructure as a Service

图 1-12 云计算形态

　　计算机的构成要素大多被分成三层，服务形态可根据外部的计算资源（云基础的供应方等）由三层中的哪一部分负责来加以区分。由外部（SaaS）执行包括应用在内的所有任务减少了使用方的负荷，却也有难以满足顾客细微要求的弊端。

---

　　① IaaS 是 Infrustructure-as-a Service 的简称，意思是基础设施即服务，即消费者通过 Internet 可以从完善的计算机基础设施获得服务。——编者注

▶▶ **能够辅助工作**

在 Part 2 介绍的产品群中，很多产品为设计开发作业提供了便利，特别是提高了设计者个人及小组的工作效率。

airpen MINI（PENTEL）

airpen MINI 具备将手写文字或图形数字化的功能，使能够进行手绘图形或文字的记事本发挥了真正的价值，如设计开发中的手绘漫画，将画好的手绘漫画上传至 Evernote，相关者即可从各个场所对其进行访问。PENTEL 的田岛宏表示："至少可以共享作者的点子了。"该产品功能采取开放性价格，实际价格不到 2 万日元。

轻松扫描设计图（PHOTRON）

理光复合机用 PHOTRON（总部位于日本东京）于 2010 年 5 月开发的"轻松扫描设计图"功能如 Part 1 中介绍的一样，该微件两次利用 A3 幅面的扫描功能读入 A2 图纸。在消除噪声并且自动修正方向的基础上，还可以重新连接分两次读入的设计图，即使不导入 A2 纸幅面扫描仪也可完成任务。扫描结束时，还具备在电脑上完成 PHOTRON 的 CAD "图脑系列"（可进行图像编辑）的功能。价格为 7.5 万日元（不含税），可从理光的 App2Me 微件库中下载试用版。

HP Designjet T2300 eMFP 系列（美国惠普公司）

美国惠普公司与日本惠普株式会社针对 B0 级复合机 "HP Designjet T2300 eMFP 系列"（99.8 万日元起）等大幅面纸张复合机，决定在 2011 年内完成面向日本国内的云服务 "ePrint & Share"（图 1-13）。ePrint & Share 具备了数据管理

图 1-13　利用云端与设计图共享功能连动的大号图纸复合机（美国惠普公司）

"HP Designjet T2300 eMFP 系列"可与提供文件管理功能和共享功能的云服务 "ePrint & Share" 连动。可从共享服务中调出设计图打印，并可在现场手动修改，扫描后传回共享服务。

共享功能，可进行版本管理。例如，在上传同名数据时，不删除以前的数据，可保持原有的版本不变。

　　T2300 eMFP 系列与 ePrint & Share 连动，在制造现场打印出图纸，并可在现场将所做出的细微调整反馈回设计部门。现场的调整本来大多难以反馈回设计部门。可是，扫描现场修改过的图纸，再将其传至云端，就可轻松实现将最新的状况在相关者之间共享。

Part 4 公开化

▶ 用户参与设计，与制造商共享实时信息

"表云端"与"里云端"共同普及时，会出现怎样的状况呢？在云端，从服务易组合搭配这一点来看，互换信息是很容易的事。因此，用户参与产品开发部分工作的"制造公开化"的趋势逐渐显现出来了。

松下电工住建制造采购革新中心的中谷光男认为在对本公司设计开发系统进行云端化的基础上，还可向用户提供信息（图1–14）。中谷光男表示："随着将设计信息上传至云端的制造商不断增加，相互之间的参照组合就更易实现了。例如，和SYSTEM KITCHEN等多个制造商有关的产品，也可以让用户看到一元化信息了。而且，该信息不再是简单的产品目录信息，而是与设计信息和生产管理信息密切相关的极为

现实的信息。"

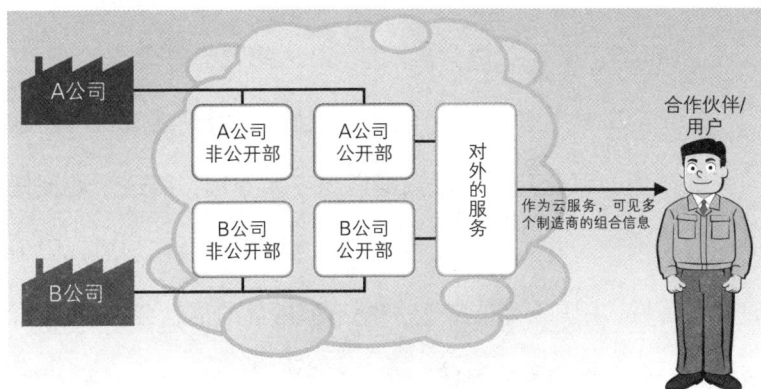

图 1-14　对合作伙伴或用户公开设计开发信息

　　利用云端，便于向外部公开设计信息。数个生产相关产品的制造商携手合作，对用户提供将相互产品组合的建议信息。该信息和各生产商内部的生产策划等信息有关，准确性很高。

▶ 消除系统间的障碍

　　设计信息（特别是对用户进行演示时）使用三维 CAD 模型的想法从三维 CAD 刚开始普及的 20 世纪 80 年代起就有了。尽管是很单纯的想法，实际上却不大容易实现。这要归因于设计使用的三维模型和用户见到的三维模型的要求不同。

　　设计使用的三维模型，之后因为需要用于制作模具等用途，对包括细小部分在内的形状方面的精度要求很高。由于数据量很大，即使想让用户直接查看这些数据，所显示的描绘处理也会变慢，无法畅快舒适地进行显示。即使想在背景合成和质感表现上加以改善，也会因为数据量大让人感到很困难。

从安全层面上来看，也不能轻易让用户看到满载机密信息的三维模型。因此，必须对数据做出变换处理，而这个处理任务同样很烦琐。并且，在花费时间精力做出变换处理后，因为时效的延迟，用户见到的信息和制造商内部的信息会出现脱节，因此并没有实现实质性的意义。

最近，三维模型的变换处理和轻量化处理技术的发展日新月异，如果能将其用作云服务，就可以安全地将所设计的三维模型变换成轻量形式，用户也可从可见的页面进行登录，享受云服务。也就是说，这样做能够渐渐克服设计开发系统和针对用户开发的系统之间的难题。

用户可根据自身的需要选择适合自己的机器组合并指定完成任务的方式。换句话说，云服务有助于实现对用户的个性化服务。用户还可将自身的"发现"经验推荐给其他用户。而用户所指定的信息因为实现了反复利用，并且可进行实际的生产，所以针对交货期的问题应该也能做出明确的答复。利用云端，不仅在制造商之间，在制造商和用户之间也可以实现信息共享。

▶ 开放部分制造工程

Arthur D Little Japan 株式会社（总部位于日本东京）资深经理，关于制造业的未来发表了很多著作的川口盛之助指出，云计算推进了"制造公开化"的进程。川口盛之助认为比起"怎样制造"，"制造什么"已变得更为重要。让用户直接参与讨论"制造什么"，要比仅由制造方单方构思更为有利。为此，需要对用户公开产品信息，而云计算正是最合适的沟通平台。

川口列举了"车体标识"的开放化实例。汽车车主将动漫等图片印在大张胶纸上，贴在车体上制成标识。利用图像数据的输出服务，可轻松地打印出低成本的胶纸，而工序远较喷枪喷漆简单。川口认为"喷漆的最终工程已从汽车制造商开放到车主"。

尽管像车体标识这样由汽车制造商积极推广并提供给用户的云服务过程还需要花费一段时间，但目前已显现出了发展的萌芽。理光对合作伙伴公开了由网络计算机驱动复合机的"App2Me"的简易应用"微件"的开发环境（API）（如图1-15）。尽管现今的合作伙伴制度"Operius 合作程序"的对象仍然仅局限于最高级合约方之间，但当时机成熟时，公开的范围会进一步扩大。

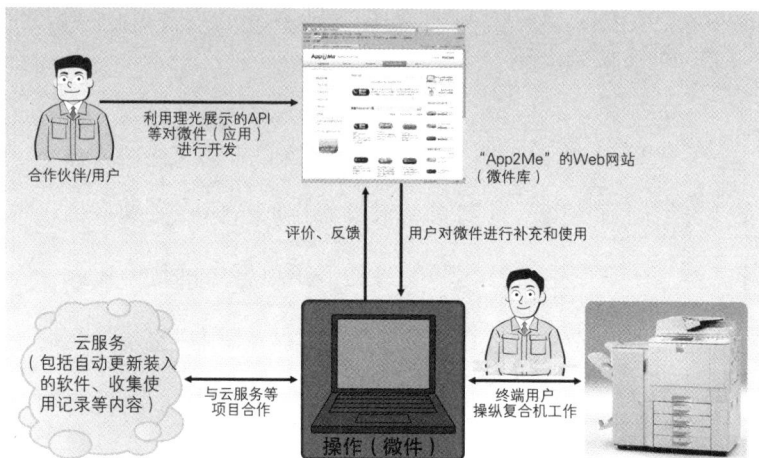

图 1-15 合作伙伴与用户开发高度的应用程序

理光复合机将被称作微件的应用转变为由合作伙伴开发的机制。尽管现在还未对所有人公开所需的 API 等信息，但已出现公开 API 后使用者可参与开发的技术支持。

▶ **开发简单**

理光对此做了试验。两日内，从日本、美国和欧洲的集团内应用开发人员中召集了13人，成立了微件研发组[①]。为了调查微件开发的简易程度，其中的 5 人从没有复合机应用开发经验

① 例如，读入名片、获取住所信息、利用 Web 上的地图信息服务（Google 地图）获得从当前位置起，包括途经各处在内的详细地图资料信息并打印出来的微件操作。微件开发中用到了 JavaScript 编程。

的人员中挑选。结果，该研发组开发了 14 件微件。

由此得出了一个重要结论：即使不具备复合机的专业知识，也可以从事开发工作。并且，将现有的计算机功能与 Web 上的服务相组合也很简单。真正花费时间的反而是图标的设计。只要是具备了一些编程经验的人，都可以在短时间内开发出微件。

东芝的 "REGZA Apps Connect" 的选项栏也证实，关键不在于是否具备足够的编程等经验，而是让用户参与到功能的拓展开发中（图 1-16）。该公司的 Web 网站上，显示的就是由用户制作的标签列表的

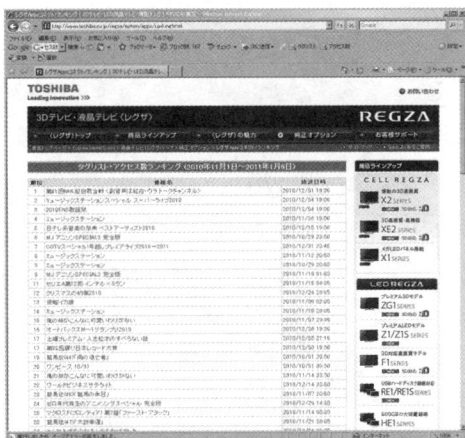

图 1-16 由东芝的用户制作的标签列表
标签列表中下拉出的节目特定片段片头表由用户制作而成，并通过上传实现相互间的共享。其构成了产品附加价值的一部分。

排名。在这里，拥有多样兴趣爱好的人可以找到和自己兴趣相似的人，并代替制造商提供有价值的信息。

▶ **制作人的责任体制成为需要解决的问题**

随着云服务附加价值的细化，制造商的设计技术人员的
工作内容也发生了些许变化。与设定细化功能相比，扩充机器
的基本功能和拟定构建云服务（或客户）的方案显得更为重要
（图 1-17）。

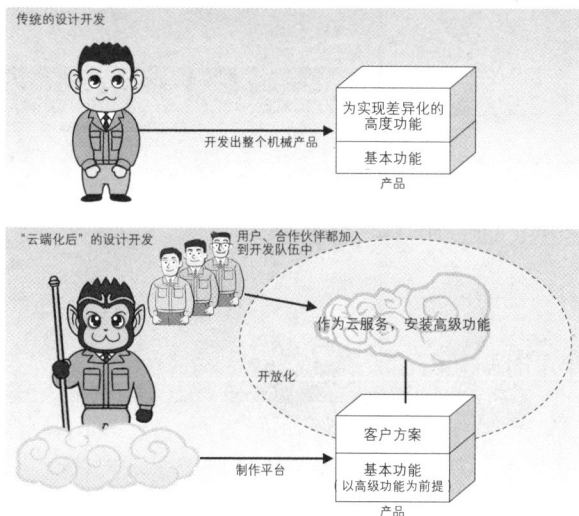

图 1-17　设计技术人员的工作内容发生变化
　　尽管现在仍致力于利用硬件或软件让机器具备更全的功能，但今后会
向着扩充基本功能和用户定制方案的方向发展。随着用户方案的开放化，用
户和合作伙伴都可以加入到开发中，可实现将更细致的功能简化的趋势。

仅靠制造商自己无法完成产品开发的任务已成为主要难题。
产品的最终附加价值将由设计人员与用户，甚至第三方等外部

力量提供的云服务共同获得。当然，可能在制造商不知情的情况下，出现相应的云服务。

机器不使用云服务就无法使用已有功能时，必须寻求解决办法。不能使用云服务也分情况，可能是服务自身出现了问题，也可能是因为使用者没有设定好访问网络的参数。针对上述种种问题，必须对症下药，找出问题的切入点。理光MFP事业总部事业战略中心的安达真一表示："长久以来的观点都认为，自始至终按照自己的品质标准生产出来的产品肯定是最好的。然而一旦利用外部的服务一起提供价值时，如果不考察品质保证和服务规划，恐怕早晚有一天会出现停滞不前的状况。"

▶ **技术人员要做的工作**

制造商的技术人员要努力扩充产品的基本功能。重点在于实现和维持高级基本功能。例如，打印机的印刷速度和分辨率等基本功能都必须加以延续。无论怎样拓展云服务，都无法让打印机以超出机器本身可实现的最高分辨率以上的分辨率或最高速度以上的速度进行印刷。

简化机器本体功能，不再安装各种各样的功能，设计成本和制造成本就都有望降低。只是变化不会过于明显，呈渐进趋势。

美国惠普公司的打印机即使被要求脱离电脑仍可直接访问网络，也无法缺省连接计算机所用的 USB 接口、从存储媒介读取数据的存储卡以及读卡器。日本惠普图像打印业务商务总部部长根本勋说："必须预留现有的接口。删减这些接口还为时尚早。"

当不久的将来机器实现简化后，制造商的设计工作者们的工作负担是否可以减轻些呢？尽管存在这种可能，但这不意味着要想实现高级基本功能可以仅仅考虑基本功能单方面的问题。必须考虑到如何利用云端去使用基本功能，并设定好更易于使用的条件。从这点来看，和目前必须充分了解机器使用情况的要求一样，对技术人员的要求并未发生任何改变。甚至可以说，与外部的云服务合作衍生出最终的附加价值一事，对技术人员眼界的开阔度以及洞察力提出了更高的要求，可能会出现新的工作形态。

SolidWorks 公司案例
——云计算支持构思设计时的信息共享

美国的 Dassault Systemes SolidWorks 公司发布了 Cloud base（云底，指云的下边界）工具 "SolidWorks Mechanical Conceptual" [1] 用于支持构思设计。

近年来，由于组合了二维功能，提高三维 CAD 不擅长的构思设计阶段的试行错误效率的工具不断增多。Mechanical Conceptual 也是其中之一，它不仅具有灵活变更形状的功能，而且还具有相关者之间共享以及交流信息的功能。

该公司首席执行官 Bertrand Sicot 表示，2010 年后，Solid Works 虽一直在推进"新一代 SolidWorks"研发工作，但向市场提供的却是与三维 CAD 产品 SolidWorks 系列不同的"旧版

[1] 2013 年 1 月 21 ~ 23 日，在美国佛罗里达州举行的 "SolidWorks World 2013"展会上发布。

SolidWorks 的补充产品"。

▶ 让创意更容易成型

　　Mechanical Conceptual 是（其母公司是法国 Dassault Systemes 公司）最早在 3D Experience 平台上开发的 SolidWorks 公司的产品。将用于编辑形状等的应用软件安装在客户机上后，处理的数据并不会被保存在本地的文件夹里，而会被保存在网络（云）的数据库里 [①] 。

　　在创意的成型阶段，针对由若干零件组成的组装结构，一边设定结构联接等的设定条件，一边使用二维作图，这就是它

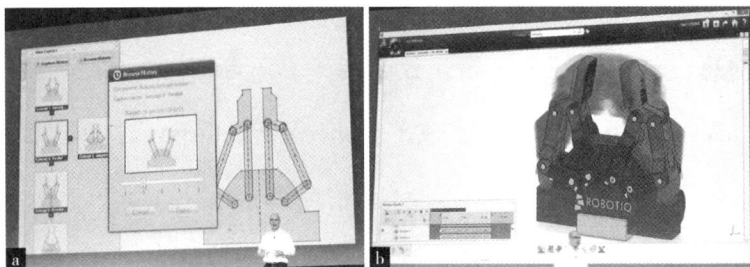

图 1-18　"SolidWorks Mechanical Conceptual"的产品展示

（a）可以从二维设计阶段开始，添加设定条件、定义结构动作等。更加便于参照过去累积的零件数据。(b) 二维阶段设定义好的设定条件也可以带到三维设计中，通过机构解析和结构解析进行验证。

---

　　① 具体是使用法国 Dassault Systemes 公司的 PDM 工具软件 "ENOVIA"。

的优点。这些条件可以从二维作图转移到三维作图。除了有拉伸形状的一部分等直接的编辑功能以外，还可以根据操作记录进行编辑（图1-18）。

"可以让已经做好的零件具有智能"（Sicot），这也是它的特征。该零件所具有的功能，以及和其他零件的位置关系等信息能自动储存到数据库里，构思设计其他零件时可以再次使用以提高效率[1]。零件或者组装件还可以通过数值模拟来验证[2]。

此外，在这里制成的信息还具有可与远程相关者之间共享、交流的功能。不单单是批准程序，还能从更多的人那里收集构思设计的建议。构思设计结束后，数据通过旧版SolidWorks等进入三维CAD软件，能用三维CAD进行详细的设计。

从产品名称"Mechanical"可知，现阶段构思设计的对象是"可动部分机械"。美国SolidWorks公司于2013年5月开始募集SolidWorks的用户，在真实环境下开始测试。

---

① 可以编辑或者传递这个信息。

② 数值模拟功能使用的是法国Dassault Systemes公司的CAE工具"SIMLIA"。

第二章

智能终端的现场应用

☐ 第 22 届设计及制造解决方案展

☐ 中坚、中小企业制造现场广泛使用智能手机

第 22 届设计及制造解决方案展

将智能终端与云端组合应用，打造现场可随时参考设计制造信息的环境，这一举措正在成为新趋势。在"第 22 届设计及制造解决方案展"（2011 年 6 月 22 日 ~24 日，东京国际展示场）中展出的智能终端应用系统备受瞩目。

智能终端可将信息提供给制造现场，使得双方都可以掌握并利用即时信息，利用价值很高。尽管制造现场经常配备有大型显示器，但一般操作人员能看到显示器的方向受限。智能终端等设备消除了这样的限制，操作人员可随时获得即时信息。

展会上还展出了日本研制的先进工具 PDM（产品数据管理）/PLM（产品生命周期管理），可用于设计阶段的 BOM（物料清单）。在三维数据应用方面，随着 3D 扫描仪和 3D 成型设备精确度的提高，将实际的形状与计算机内的数据关联到一起的技术正盛，出现了许多新的产品。

▶ 智能终端应用系统

智能终端的优点在于现场操作者可对信息进行及时处理。在参考设计图和生产指导书的基础上，还能在现场输入信息。CIMTOPS（信慕拓思，总部位于日本东京）开发的电子报表系统

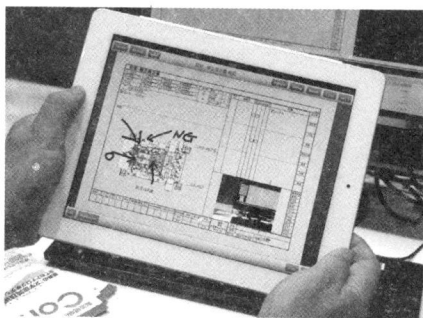

图 2-1　CIMTOPS 电子报表系统 "ConMas i-Reporter"

用于在制造现场等场所输入信息，并支持平板电脑终端应用。

"ConMas i-Reporter"（2011 年 8 月开始发售）可实现这一功能（图 2-1）[1]。

该系统利用平板电脑终端，可在触摸屏上手写录入（在触摸屏上用手指或触屏笔写入文字）。不仅替代了书面文件，将相关信息存储为数据文件，还可将该数据传送到服务器的数据库（系统）中。并且，具备了粘贴该终端内部照相机所拍摄的照片的功能，可生成大容量信息的电子报表。

---

[1] ConMas i-Reporter 的价格，初期费用为 19.8 万日元，之后要支付每个月 5 万日元的月租和实际处理所需的费用（50~200 日元／件）。

开始运用电子报表前，先要将"Microsoft Excel"生成的书面格式的报表录入系统。管理用计算机（不是平板电脑终端）会以此报表样式为基础，在每个格式栏（领域）中，对数值、日期、文本以及手写文字等数据进行分类定义。

使用平板电脑终端输入报表时，可从列表中选择输入受限的内容，如带○、×的检查栏或日期栏等内容。文字内容可手写输入，并可实现在工作簿粘贴的图面上手写文字或图形的功能。

在 ConMas i-Reporter 应用中，尽管前提条件是数据由引进企业内的服务器进行管理，但部分 CIMTOPS 仍组合了运营的云服务。该服务将手写文字转换成文本数据。在"CIMTOPS 服务器中，不保存转换对象以及转换结果的数据"，该公司工作人员介绍说。

CIMTOPS 在 2011 年 8 月开始发售应用于设计图上的、与 Conmas i-Reporter 具备相同功能的"ConMas Digitalizer"。使用扫描仪读入纸质设计图或设计变更指导书等文件，再将事先指定的特定部位提取成图像数据。仅将文件中产品的问题以及解决方法等文字记载的内容读入电脑。经文字识别软件处理后，将图像数据转换成文本文件，可登记录入问题数据库。

使用平板电脑终端查看 PDM 数据

在 NEC 公司生产的智能终端"Life Touch"上执行参考数据的演示（图 2-2），是该公司 PDM 工具"Obbligato III"的最新功能。这一功能是针对现场参考文件或设计图，以及

图 2-2　PDM 工具"Obbligato III"的 LifeTouch 版客户端

具备信息检索、参考、许可等功能，操作简单。

在外出地点对参考文件或设计图授权许可等情况开发的产品。Obbligato III 用于将服务器（或云端）保存的显示用数据（保存形式为 TIFF 或 PDF 格式）、文本数据传送到 LifeTouch 驱动的浏览器上进行显示。支持"flick"（滑动）及"tap"（轻击）等智能终端独有的操作方式。

Obbligato III 并未安装普通客户端（用户接口）的全部功能，精简了文本、设计图登记注册、更新等功能。其功能特点是"外出地点或现场等处的操作感和普通的客户端不一样"。例如，通常在客户端需要从下拉列表中进行选择，而 LifeTouch 版只要轻敲三次即可完成。

LifeTouch 的对应功能在 2012 年春季开始产品化（2.1 版本）。
Obbligato III 原本的结构（Service-Oriented Architecture：SOA）
是按照功能划分软件，易支持企业内云端。在此基础上，还可
作为 NEC 运营的云服务使用。与企业内运用的场合相比，个性
化的余地减少，但每个用户却可设定更改参数。配合使用智能
终端，在各种场所都可以查看信息。

XVL 也支持智能终端使用

对于其他智能终端应用系统，Lattice Technology（总部位于
日本东京）在图研和日立解决方案展会上，参考展出了轻量版
三维数据 "XVL" 适用的支持 iPad 的浏览器。此外，展会上还
展出了 HTML5 适用的浏览器，可阅览 Android 系统终端的 Web
浏览器。

富士通在展会上展出了适用于制造业的云服务 "工程云"。
该公司的数据中心负责提供 CAD/CAE/PDM/PLM 工具以及零件
数据库等数据产品。特点是采用了由富士通研究所（总部位于
川崎市）开发的、富士通 ADVANCED TECHNOLOGIES（总部位
于川崎市）实用化的高速图像压缩技术 "RVEC"，即使是三维
CAD 这样计算量大的工具，也可在智能终端或笔记本上使用。

因为 RVEC 仅将画面中出现变化的部分进行压缩并传送，

数据的传送量有限，所以可应用于任何应用程序。也就是说，不必特意更改应用即可支持 RVEC。富士通为了提供其公司以外的 CAD SaaS 平台，正与 CAD 供应商进行协商。

而且，很多当初引进 RVEC 的用户都获得了使用 CAD 的许可，可以预见将有很多在富士通提供的云端使用 CAD 的 PaaS（Platform as a Service，平台即服务）的形态。

▶ 日本国内供应商开发高级 BOM

在展会上，重复利用过去有实际业绩的设计数据，达到保证品质、抑制成本上升目标的展品也很吸引人。以 PDM / PLM 为例，在设计的初期阶段设置可使用 BOM 的构造成为了实现这一目标的方法。

图研展出了在展会前刚刚发布的 BOM 管理工具 "PreSight/visual BOM"[1]。visual BOM 指设计中从决定产品结构前的阶段就开始使用的系统。如果设计人员在做新设计时参考借用现有的 BOM，就不必再从零开始，不仅减少了部分设计所需的时间和

---

[1]《日经制造》2011 年 7 月号期刊中已做过报道。与基础 PreSight 的电机部分的合计价格为每 20 个用户 1600 万日元（维护费用）。第一年需要单独交纳 20% 的使用许可费用。

精力，还可以在初期阶段就大致做出成本等预算。图研将其称
为"Design BOM"。

在展会上，NEC 对设计前期阶段使用的"策划 BOM"作
为 Obbligato III 开发中的功能进行了说明（图 2-3）。采用 QFD
（质量功能展开）的方法，对产品要求到产品规格、产品规格到
产品功能、产品功能到产品构成的框架结构进行了展开。同时，
确保产品要求到产品构成之间的联系。

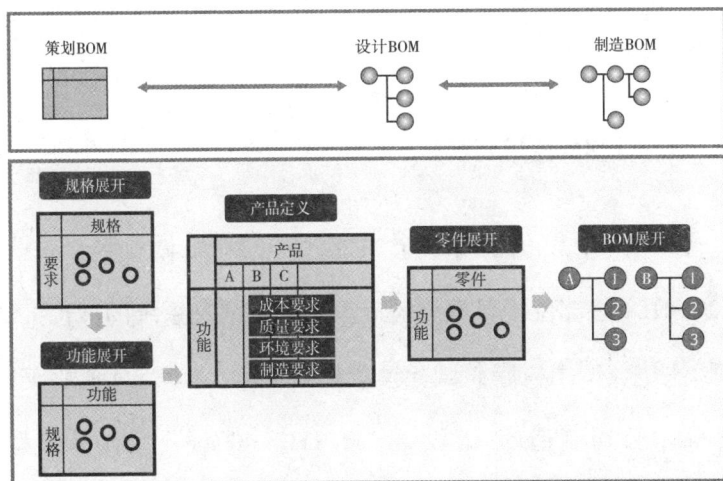

图 2-3 NEC 开发中的"策划 BOM"功能概要
确保产品所要求的信息与实现该要求的产品构成信息的联系。

当用户要求的条件和以前已有情况相同时，可重新利用该
产品构成。而当产品构成出现改变时，需要在确认对原有的要
求是否有影响后再使用。

► 应用于三维成型设备的展示

在展示 RP（Rapid Prototyping，快速成型）设备、3D 打印机等三维积层造型设备的展区，可见到很多应用实例的展示。不仅展示了在较短时间内由 3D 数据制作出用于确认形状或功能的试验样品的使用方法，还增加了适用于模具、与三维扫描仪等协作功能的使用方法。此外，还推出了数十万日元的价格便宜的设备。

制作注塑成型用的模具

以往，RP 设备主要以金属或沙子的粉末做材料。对此，AKAISHI（总部位于日本静冈市）在丸红信息系统的展位上展出了注塑成型用树脂制试验模具样品（图 2-4）。其使用美国 Stratasys 公司制造的 RP 设备 "FORTUS 400mc" 使样品成型，材料采用了 PPSF / PPSU（聚苯砜），是耐 200℃温度及 70MPa 注塑压力的材料。

展位上展出了试制模具的具体实例，即足部护理商品 "温润型凝胶短袜" 的试制模具及其成型品。通过公司内部自行试制模具，制作时长从以前的一个星期缩短到一个晚上，成本也仅为原来的 1/10 左右。"作为试验样品用模具，如果能耐受 20~30 次冲击就足够了，现在却可耐受 100 次冲击以上。"AKAISHI 商品开发部功能设计人员池田茂夫说道。

该公司 2006 年前引进了以 ABS（丙烯腈、丁二烯、苯乙烯的三元共聚物）树脂为材料的 3D 打印机，应用于确认产品形状用的试验样品和工具等的制作中。之后又引进了可使用

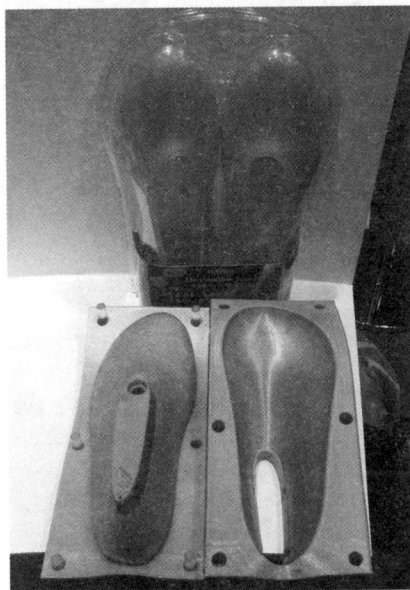

图 2-4 "凝胶短袜"的试制模具样品（下）和产品（上）

采用 PPSF 制作出的试验模具样品。照片左下方凸形模具仍覆盖着试制品。为了能以约 2.5mm 的厚度将弹性体制作成型，模具必须具备 200℃以上的耐热性。

PC（聚碳酸酯）的 RP 设备，因此可用 PC 制的简易模具制造出弹性体的试验样品，可用来确认几乎和产品相同的物理特性（柔软度），而这是 ABS 树脂制试验样品无法实现的。

但是，凝胶短袜成型时的温度很高，PC 无法耐受。又因为是厚度仅为 2.5 mm 的超薄产品，因此必须将树脂以 200℃以上的温度流入。所以，只能利用 PPSF 制作出模具。但 PPSF 脱离

模具的性能较 PC 差，为改善这种情况，在模具表面涂上粉末，或是重新设计模具的构造，也起到了节约材料费、防止模具主体破损的作用。

丸红信息系统的展位上，还展出了其他应用 RP 的实例（图 2-5）。如冲压加工、纸浆成型、专业成型等使用的模具都是应用 PPSF 的典型事例。例如，在专业成型模具的实例中，与以往切削加工所需要的数周时间相比，生产周期可缩短至几天，成本也能大幅度降低。

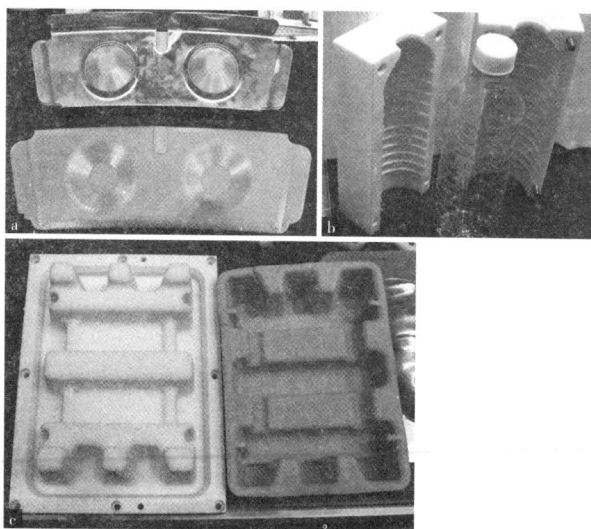

图 2-5　适用于 RP 设备的模具

与切削加工相比，可缩短制作模具的时间并降低成本。（a）用于冲压加工;（b）用于专业成型;（c）用于纸浆成型。纸浆模具可成型 3 万次以上，提高了耐久性等性能。

与 3D 扫描仪联机

KENN AUTOMATION
（总部位于日本横滨市）展
出了利用该公司销售的德
国 Breuckmann 公司的 3D
扫描仪和 3D 打印机开发
产品的实例（图 2-6）。

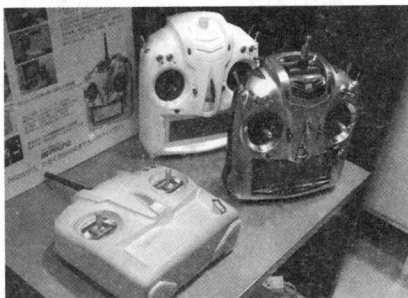

图 2-6　利用 3D 扫描仪和 3D 打印机开发的产品

RC 机器制造商日本远程控
制（总部位于日本大阪府
东大阪市）适用于 11 个频
道的 RC 收发信机新产品

图中为 RC 机器制造商日本远程控制厂家生产的 RC 收发信机。左前方为泡沫塑料制设计模型。将该模型用 3D 扫描仪读入数据，经 RP 设备上输出修改后，打印出右边内侧的白色模型。右侧前方为销售品。

"11XZero"。生产流程是先利用 3D 扫描仪读入设计人员制作的
泡沫塑料制模型的形状（设计方案），再使用 3D 打印机打印出
来，确认后制成模具[①]。由此将设计方案从确定到产品化的速度
提升至原来的 6 倍。

因为直接手持 RC 收发信机进行操作，所以手持时的触感非

[①] 实际使用了 Breuckmann 公司的旧机型"optoTOP–HE"3D 扫描仪。在设计制造展上，KENN AUTOMATION 展出了后续模型"smartSCAN"。与 K'S DESIGN LAB（总部位于日本东京）合作共同确立了该进程。

常重要。为此，该公司采取了边切削泡沫塑料等材料制作设计模型边确定设计方案的方式。以前，都是计测已确定的设计模型的尺寸，利用三维 CAD 建模，再利用 3D 打印机输出该数据，确认拿着实物的感觉，反复修改数据再经 3D 打印机打印后，获得成熟产品，因此在确认和修改上需要花费一定的时间。

而新的程序采取将已确认的设计方案用 3D 扫描仪读入后，获得点群数据的方法。将获得的点群数据利用三维工具"FreeForm"（美国 SensAble Technologies 公司）编集成体素数据（Voxel Data）[①]，再使用 3D 打印机打出来，可在短时间内以数据的形式确认最终的形状。

近几年，非接触型 3D 扫描仪的价格持续走低。将 3D 数据实物化的 3D 打印机和将实物数据化的 3D 扫描仪组合，推进了开发进程的效率化。

不到 100 万日元的低价机型出现

3D 打印机正趋于低价化。标志之一就是菱友系统公司（总部位于日本东京）展出的"UP! 3D printer"[图 2-7（a）]。该

---

① Voxel 是三维空间中定义一个点的图像信息的单位。在平面中定义一个点要两个坐标 X 和 Y 就够了，而在三维世界中还要有一个坐标。光有位置不够，还要有颜色等信息，这就是 Voxel 的含义。——编者注

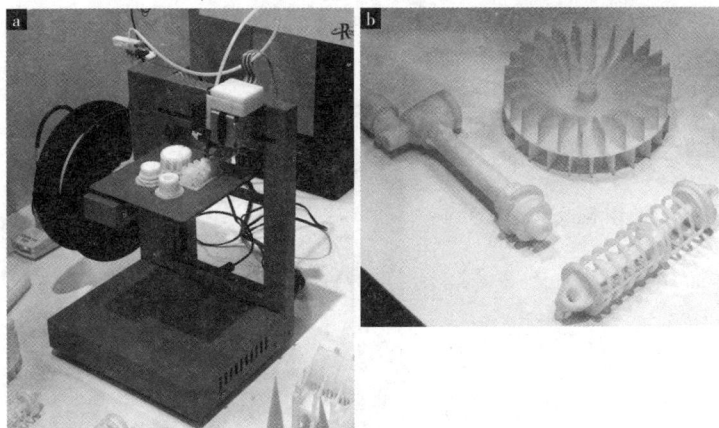

图 2-7 价值 68 万日元的成型设备 "UP! 3D 打印机"
菱友系统公司参加了展示。(a)设备外观;(b)成型实例。使用了 ABS 树脂材料。

3D 打印机是由中国台达(Delta Micro Factory)公司开发的产品,可以在可动打印头中边熔融线状树脂材料边进行积层造型。最大造型尺寸为 140 mm × 140 mm × 135 mm,是日本国内售价 68 万日元(不含税)的小型低价机型 [①]。

积层高度在 0.2 mm~0.4 mm,电源输入电压为 100 V~240 V,可以以 STL 数据为基础成型。ABS 树脂材料的价格为每 700g 不到 4 万日元。图 2-7(b)的成型品(长度略超过 100 mm)的材料费在 1500 ~ 2000 日元的程度。

---

① 菱友系统作为日本国内总代理商 OBD(总部位于日本东京)的二级代理商进行销售。

3D SYSTEMS · JAPAN（总部位于日本东京）展出的"BFB-3000 plus"的3D打印机价格更便宜，约为30万日元（图2-8）。是由美国3D SYSTEMS公司于2010年10月收购的英国Bits from Bytes（BFB）公司生产的产品。

图2-8　30万日元的造型设备"BFB-3000 plus"
由3D SYSTEMS展出。材料为ABS树脂或PLA树脂。

BFB-3000 plus 和 UP! 3D printer的成型原理相同。材料采用ABS树脂或PLA（聚乳酸）。最大造型尺寸为275 mm×275 mm×210 mm，Z轴（积层）方向的分辨率为0.125 mm，积层速度最大15mm³/秒。打印头数可扩展到三个。

除了BFB-3000 plus外，BFB公司的产品还有"RapMan3.1"，价格更便宜，每台售价10万日元起。与BFB-3000 plus组装好后发货不同，RapMan3.1以组装套件的形式出库。虽然两种产品在英国的网站上均有售，但3D SYSTEMS公司打算借此次展出的机会，招募日本国内的销售代理店。

3D 打印机的新产品

在此次设计及制造解决方案展上还发布了 RP 设备及 3D 打印机的新产品。例如，3D SYSTEMS 就是以光造型技术为基础首次在日本推出了型号为"ProJet 6000"的 3D 打印机。

以色列 Objet Geometries 公司初次在世界上公开了

图 2-9　Objet Geometries 公司的 3D 打印机"Objet260 Connex"
在日本首次公开实体机。可将硬材质部分和软材质部分一体化成型。

3D 打印机实体机"Objet260 Connex"（图 2-9）[①]。之所以选择在日本首次发布，不仅因为产品的精度和大小适合日本市场，还因为"日本对于 Objet Geometries 公司来说，是最重要的市场之一"，该公司 VP SalesOperations 的 Jonathan Jaglom 说道。

Objet260 Connex 搭载了至今为止仅在大型高级机型上搭载的、由两种材料混合表现多种材料特性的"数码材料"功能。设备的外形尺寸为宽 870 mm × 深 735 mm × 高 1200 mm，托盘

①　在该公司的销售代理店 ALTECH（总部位于日本东京）和 FASOTEC（总部位于日本千叶市）的展位上展出。

的大小为 260 mm×260 mm×200 mm，积层厚度为 16μm。"从该产品小型并且造型精度高这一点来看，是最符合日本技术人员需求的产品。"该公司亚太经营负责人 Gilad Yron 说道。

可用材料有 14 种，如近似于 ABS 树脂的 "Objet RGD5160-DM"、白色硬材质 "同 Vero"、透明的 "同 VeroClear"、好像橡胶的 "同 Tango" 等材料。该产品可同时喷射并混合其中两种材料，根据混合比例的变化，可获得 50 种以上的材质和色泽，并可一次性成型既有橡胶状的柔软部分又有 ABS 树脂状的硬质部分的混合模型。价格据代理店估算为每台 2000 万日元左右。

中坚、中小企业制造现场广泛使用智能手机

作为在生产现场阅览信息、管理业绩的输入端，智能手机和平板电脑等轻便设备正在被中小型企业广泛使用。

生产建筑装修材料的厂家，南海胶合板（总部位于日本香川县高松市）就是其中之一。由于导入了新的生产管理系统，他们开始利用"iPhone"的输入、阅览数据的功能来辅助制造现场的信息阅读、输入工作。2012年年底开始启动，2013年正式开始固定地作为现场终端使用。

该公司是生产及销售电视面板、壁橱收纳柜、玄关收纳柜等居住用收纳材料、天花板材、铝塑门窗等的制造商。在日本国内的主要工厂志度工厂（香川县赞岐市）进行组装和装饰等二次加工①。

---

① 木材的一次加工主要在印度尼西亚的工厂进行。

2012 年，作为生产改革的一个环节，南海胶合板开始使用生产管理系统"MCFrame"（东洋商业工程，以下简称为 B-EN-G），同时作为现场的信息终端，志度工厂导入了 iPhone（图 2-10）。作为 MCFrame 的客户端，在生产开工、工时录入、登记残次品信息以及确认库存等工作中使用。2013 年已导入三十余台，以领班级别的年轻操作员为中心进行使用。

图 2-10　南海胶合板导入了 iPhone
因为安装了第三方生产的条形码阅读器，所以大了一圈。

▶ 比手持终端方便且便宜

作为现场的信息录入终端，以往一般情况下都是使用手持终端 POP（Point of Production）系统，或使用在现场角落及附近的办公室里设置的电脑等。取代这些而使用智能手机的厂家还很少。然而，南海胶合板导入 iPhone，是因为"不仅能在现场及时录入作业内容，还能及时参考生产管理系统的信息，更容易确认操作指令"（该公司执行董事大川正仁）。而用由第三方生产的红外线扫描仪也可读取条形码信息，实现手持终端的同等功能。由于可以显示的信息量很大，因此信息的确认也很容易。"和搭载通信系统的手持终端相比，它的魅力在于构筑系统的成本很低。"大川正仁说道。

志度工厂依据当日的工作指令书，使用 iPhone 详细地录入每一项工作的开工信息、工作量和实际业绩等信息。实际操作的工作人员能在现场确认当前的库存信息，很方便。如果发生材料不够的情况，还可以查看其他地方的库存并进行沟通。而且数据录入是在和实物对照下进行的，因此不用担心有很大的出入。"操作很简单，很快就能熟悉。"这是志度工厂的工作人员的心声（图 2-11）。

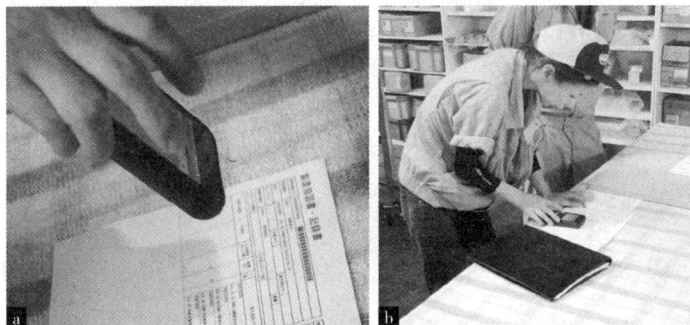

图 2-11　员工使用 iPhone 的情景
　　首先用条形码阅读器扫描制造指令书（a）。按照指令书上的每一条项目，分别录入制造业绩、所需工数、有无不良品（b）。可对零件库存等情况进行实时确认。

实际上，"当初是打算统计工作日志用于日常管理的，并没有想过导入 iPhone"（大川正仁）。然而，现场的工人说每道工序的工作都要求一一手写记录很烦琐，于是作为能随时且易于录入的设备，该公司决定引入 iPhone。

随着现场可视化的进一步发展，该公司讨论引入"iPad-mini"做录入设备。如果使用大画面的 iPad-mini，除了能以日志的形式进行现场信息的录入、阅览之外，图面和故障信息等各种各样的信息都可以从现场获取。"目前，搜集数据的工作总算是完成了。今后，将进一步探讨活用数据的课题。"（大川正仁）

▶ 现场还可以直接录入票据

在销售现场等场合已被广泛使用的智能化设备，作为信息录入、阅览的终端，在制造现场才刚刚开始普及。然而，MCFrame 的开发者 B-EN-G，他们高度评价智能设备的可能性，并着手规划将其用于制造现场。

现场所需信息不仅要能马上看得见，还要能通过随时确认出货以及库存的信息来减少机会损失，提高收益。尤其是在 IT 化进展加速的中坚、中小制造业，以上优点的利用价值是很高的。由于操作画面简单，可通过直觉轻松操作，所以智能设备终端正在向海外的工厂推广。

为了适应上述 MCFrame，该公司从 2013 年 7 月开始提供面向现场的"RAKU-Pad"系统。生产业绩 / 设备管理信息的记录，故障信息 / 技术知识的录入、参照等，过去使用纸张来管理生产现场的信息正在逐步电子化。同时，使用携带方便的平板电脑终端和智能手机，能够让系统简便且迅速地录入、参照数据（图 2-12）。

供应商的这一动向并不止于 B-EN-G。例如，Cimtops（信慕拓思，总部位于日本东京）也正在提供将票据电子数据化后能在 iPad 上阅览、录入数据的工具"ConMas i-Reporter"。这款

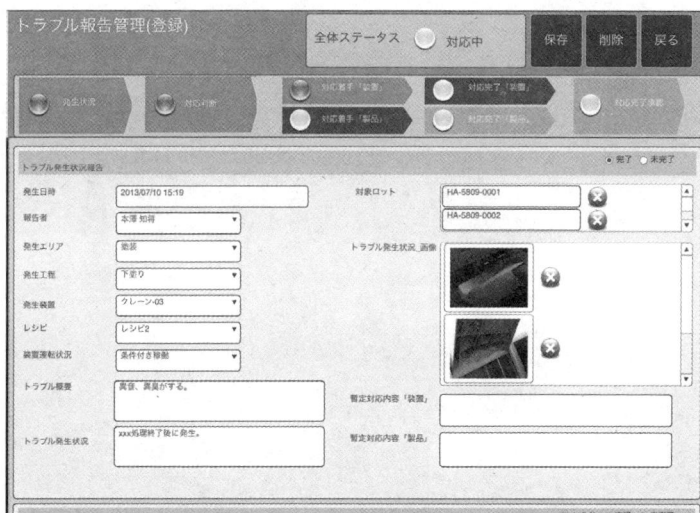

图 2-12　使用 iPad 时的 RAKU-Pad 画面
触摸画面可以直接点击操作，可以使用照片和图纸等信息。

工具还可以阅览相关联的画面和操作步骤等文件类，并且容易携带。2013 年 8 月，其又发售了云服务版。因为是使用了通用的云服务，用户企业不需要单独购买或者管理处理器，所以容易被引进。

可操作性高且易于在现场使用的智能手机必将在今后更进一步地被导入制造现场。事实上，RAKU-Pad 刚刚发售就已经被电子零部件的加工、组装厂家引进。

第三章

智能生产、技术与管理

强大工厂大奖得主 SYVEC，
特别奖得主欧姆龙绫部工厂

2013年11月6日，《日经制造》发布了"强大工厂评选"的审查结果并举行了表彰仪式（图3-1）。

2013年，《日经制造》以"系列·强大

图 3-1　强大工厂评选表彰仪式

工厂"为题，举办了支援作为日本制造业象征的工厂的活动。日本的再度辉煌，离不开制造业的复兴。

日本的制造业在经历了雷曼事件、东日本大地震以及历史性的日元升值等考验之后，开始探索接下来的发展方向。然而，在制造全球化展开的今天，日本应制造什么样的产品？这成为整个日本制造业面临的一道难题。

其实，能够回答这个问题的正是"系列·强大工厂"。该系列中介绍的工厂，针对上述难题做出了明确的回答，且在日本的制造业中被不断实施着。为了对这些工厂表示敬意，此次《日经制造》新设了"强大工厂"评选活动。

▶ 从4个角度选拔

本次是首次评选，《日经制造》关注的评选对象是：拥有极具特色的建筑物和设施；制造在新兴国家制造不出来的日本独特的产品、零件的制造业工厂。

入围提名的有以下5个工厂：（1）KOBELCO（日本神钢建筑器械）的五日市工厂；（2）SYVEC集团的梦工厂；（3）三菱电机通信网络制作所郡山工厂；（4）欧姆龙绫部工厂；（5）大和房屋工业奈良工厂第一工厂。表彰仪式上，上述工厂的代表们，各自通过展演介绍了自己的工厂。之后，被分别授予了优秀奖的奖牌。

从这些入围名单中，强大工厂评选审查委员会评选出了大

奖以及其他奖项 ①。

在评选过程中，大的方面主要"重视 4 个要点"（评审委员长为原韩国三星电子常务吉川良三）。

第一，母工厂是日本的。"即使和海外相比较，日本研究开发的力量也是优越的。不单是体力方面的竞争，还因为人员等资源需要经历漫长岁月的投入。在这个意义上，工厂必须能够直接强化研究开发能力。"吉川良三说道。

第二，工厂生产的是只有在日本才能生产的产品。我们认为必须考虑韩国和中国的企业无法模仿的，投资、设备、工厂的存在方式。

第三，是否是新兴国家的企业想来学习（参观）的工厂。"常说日本空洞化，如果能让海外的企业到日本来学习，人才就能聚拢，那样餐饮店就可以开业，就能创造就业岗位。"（吉川良三）

---

① 该评审委员会构成是在 2013 年《日经制造》的杂志封面上报道过的以下各位：评审委员长是原韩国三星电子常务吉川良三（东京大学大学院经济学研究科制作经营研究中心特任研究员）。审查委员有"Woman of the year 2013"大奖当选董事长诹访贵子，在本刊连载的"强大工厂"采访记中报道过的关伸一（关制造研究所代表）的名字也在其中。这三位，再加上日经 BP 社的林哲史（前《日经制造》发行人，现日经 BP 创新 ICT 研究所副所长、海外事业战略室制片人），构成了评审委员会。

第四点生死攸关，即是否能奋力投资。"即使没有 100% 成功的保证，在收集到一定程度的信息后果断投资是很必要的。"（吉川良三）

虽然是从这些要点开始选拔的，但工作进展还是很困难，因为 5 个工厂都是《日经制造》的特集连载栏目推荐出来的。其实，评委也分配了选票。作为评审委员之一的钻石精机董事长诹访贵子表示"每一家工厂都是非常棒的，选哪一个不选哪一个很难"。

▶ 销售额的 90% 以上用来投资

评审结果选出了大奖和评审员特别奖各一名。大奖的得主是致力于生产汽车用精密零件的 SYVEC 集团（长野县盐尾市）的梦工厂（图 3-2）。梦工厂的核心是 2012 年 9 月开始运行的位于地下 11 米的模具加工新工厂。建设费用大约 18 亿日元，年销售额约 20 亿日元，对于该公司可以说是一决生死的大投资。

评审委员长吉川良三高度评价了 SYVEC 的这种干劲。他说："SYVEC 将 90% 以上的销售额都投资了梦工厂，我为之感动。如果失败的话，董事长必定被诟病为盲目投资。明知道有这样

图 3-2　获得大奖的 SYVEC 集团的梦工厂
（a）地下工厂的内部；（b）表彰仪式上授予大奖奖杯的场面。

的风险，却毅然决然去执行，这样了不起的判断力是在现在的全球化时代里必备的。有先见之明和鲁莽投资之间只差一张纸。如果畏惧这些，社会不会发展，日本也不会发展。希望大企业和中小企业都能学习这样的姿态。"

出席表彰仪式的 SYVEC 专务董事白井靖信在讲述授奖感言时说："在这个奖的鼓励下，公司领导和公司员工会一起将日本制造更广泛地推向世界。"

▶ 自制传感器用于本公司的工厂

SYVEC 的下一位受到评审委员会大力支持的是评审员特别奖的得主，欧姆龙绫部工厂（图 3-3）。该工厂的特征是，在工

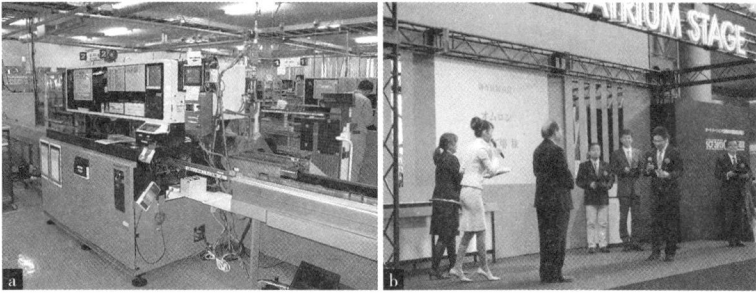

图 3-3　被评为评审员特别奖的欧姆龙绫部工厂
（a）工厂的内部；（b）表彰仪式上授与评审员特别奖奖杯的场面。

厂的各个位置设置了共计 158 台传感器。因此，各个设备和工程的电力消耗数据、运行情况以及干扰等微妙变化的环境数据，具体的粉尘量、温度、湿度、空气流量等物理数据都能够 24 小时全天候无休地进行测量。在这些数据的基础上，欧姆龙在不影响质量和生产率的前提下缜密地实行了节能控制。

　　评审委员关注的是，欧姆龙在工厂内设置了很多本公司自制的传感器。"在自己公司里使用公司自制的产品是非常好的事情。而且，在活用工厂版本大数据的意义上，也应给予高度评价。"评审委员会关制造研究所代表关伸一先生说道。出席表彰仪式的欧姆龙绫部工厂的西山正人说："为了不给这个奖抹黑，我们今后还将继续为强化工厂而努力。"

网络攻击下的工厂信息安全意识改革

工厂的控制系统很难受到网络攻击的影响——这早就变成了过去的幻想。事实上，日本经济产业省针对重要基础设施和工厂受到网络攻击的危机感，出台了新的对策，成立了"控制系统安全核查专责小组"，开始强化日本国内重要基础设施及工厂的信息安全。

▶ 电机控制权被夺

之所以产生了这样的危机感，源于 2010 年 9 月针对伊朗铀燃料浓缩设施进行的一次网络攻击。不知是何人制作了攻击该设备的恶意软件（非法的恶意软件）"Stuxnet"，侵入了该设施的控制系统。"某电机的控制权被夺，最终导致该设施内约 8400 台离心分离机全部停工。"日本经济产业省商务信息政策局信息安全政策室科长助理佐藤明男说道。

"感染源为 U 盘。"SYMANTEC（总部位于日本东京）安全回应主任研究员林薰说。Stuxnet 病毒经由 U 盘或公司内局域网传播。该设施的控制系统控制的下层部分并未连接到外部网络。这里的计算机经由 U 盘或公司内部局域网，都相继感染了 Stuxnet 病毒。

这不是针对工厂控制系统的事件。但是，"显而易见，在技术上完全可以夺取（工厂使用的）控制系统的控制权"（林薰）。日本国内的企业相继提交了感染该病毒的报告。据迈克菲（McAfee，总部位于日本东京）网络战略室室长本桥裕次透露，出现了"日本某配送相关企业用于控制传送带电机的 PLC 系统被 Stuxnet 病毒侵入，致使传送带出现失控"的案例。

▶ 对已知的病毒没有采取防范措施

日本对攻击工厂控制系统网络的病毒的担忧不仅因为发生了上述的目标型攻击，迟迟未对以往网络攻击的多种病毒采取防范措施的现况也足以令人担忧。

以往的工厂控制系统由于①未连接外部网络，②如果不熟悉其结构体系无法对其进行有效攻击等原因，普遍被认为很难受到网络攻击的影响。可是，现状已发生了急剧变化（图3-4）。

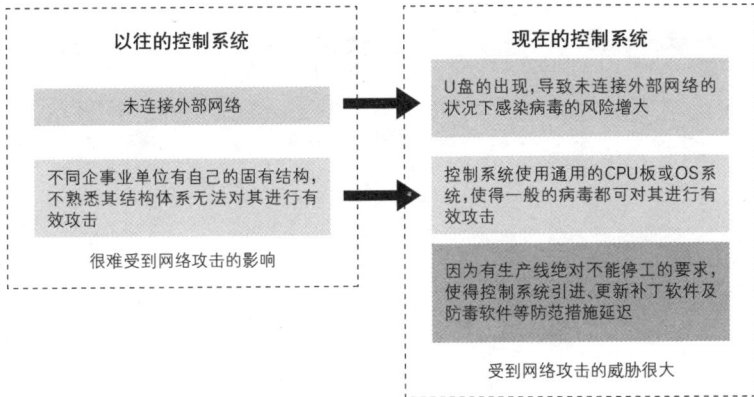

图 3-4　如今，控制系统的网络受到病毒攻击的威胁变大

以往的控制系统采用了专用的硬件或 OS 系统，而近年来采用通用 CPU 板或 OS 系统的情况越来越多。即便如此，因为未连接外部网络，截至 2000 年年初，日本几乎未出现病毒入侵的案例。

"之后出现的 U 盘被广泛用于替换程序等系统维护中，而同时感染病毒的风险也一下子加大了。"迈克菲销售工程总部第二 SE 部系统领导二宫秀一说。

实际上，据日本经济产业省 2008 年度的调查显示，在以工作机械、半导体制造设备、各种产业机械等制造设备为调查对象的控制系统中，有六成以上采用了 Ethernet（以太网）接口板，接近七成备有 USB 接口，超过八成的 OS 采用了 Windows 系统，近二成采用了 UNIX 系统（图 3-5）。

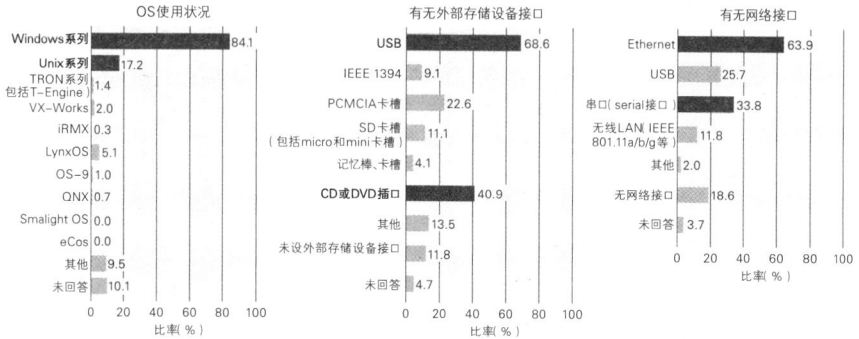

OS使用状况		有无外部存储设备接口		有无网络接口	
Windows系列	84.1	USB	68.6	Ethernet	63.9
Unix系列	17.2	IEEE 1394	9.1	USB	25.7
TRON系列包括T-Engine	1.4	PCMCIA卡槽	22.6	串口(serial接口)	33.8
VX-Works	2.0	SD卡槽（包括micro和mini卡槽）	11.1	无线LAN IEEE 801.11a/b/g等	11.8
iRMX	0.3	记忆棒、卡槽	4.1	其他	2.0
LynxOS	5.1	CD或DVD插口	40.9	无网络接口	18.6
OS-9	1.0	其他	13.5	未回答	3.7
QNX	0.7	未设外部存储设备接口	11.8		
Smalight OS	0.0	未回答	4.7		
eCos	0.0				
其他	9.5				
未回答	10.1				

图 3-5　以制造设备为对象的控制系统采用通用技术的应用状况

根据日本经济产业省于 2008 年度实施的调查结果（回答数为 296 个）编辑而成。即使是一个控制系统，由于工程工作站（EWS）和分散控制系统（DCS）采用了不同的 OS，即使将 OS 利用情况的比率加以合计，结果也不是 100%。

问题不只是这些，在对控制系统的 OS 添加补丁文件或者引进更新杀毒软件时甚至有受到企业抵触的倾向。这是因为"不清楚控制系统会出现什么状况"，FFRI 技术研究所（总部位于日本东京）代表法人鹈饲裕司说。生产线绝对不能停下来的想法让很多人不愿意接受任何变动。

重点在于提高所有工厂相关人员对控制系统网络病毒攻击的防范意识。短时间内不查杀病毒就不可以使用 U 盘，公司必须根据自身情况认真采取防毒措施，如安装 OS 补丁程序等[①]。

中长期方面要考虑控制系统的抗病毒性能，将及时更新控制系统提上议程[②]。

---

① 防毒软件中，不仅包括与定义为病毒的文件比较进而检测出病毒的黑名单型软件，还包括事先将需使用的程序指定为白名单型软件，以及监控程序运行并区分出不正常程序的检测型软件。黑名单型软件必须对所定义的病毒文件频繁进行更新，而其他两种软件更新的频率较黑名单型软件低。

② AMADA 的 Windows 搭载型钣金加工机械和三菱电机的放电加工机"ADVANCE"系列控制器搭载了白名单型防毒软件。而且 FFRI 技术研究所还与 PLC 供应商两家公司合作，共同开发面向产业的专用控制系统算法，采用了查找系统薄弱环节的方法，并已确定该软件对 PLC 程序有效。

工厂技术获取篇

罗姆（ROHM）

▶ 不用电池、不用接线的传感器技术

不用电池，不用接线，免维护。拥有这些特征的"EnOcean"无线通信技术，最适合用于获取基础设施管理和健康管理等相关的各种数据。基于这样的想法，半导体厂商罗姆公司利用德国 EnOcean 公司的无线通信技术，开展了获取大数据的商务活动。

EnOcean 公司由部分德国西门子公司前员工于 2001 年设立，是提供半导体的外加工型风险企业。虽说是风险企业，但别小看它。以促进 EnOcean 技术开发为目的的业界团体"EnOcean Alliance"由全世界 300 多家加盟企业构成。日本企业也有多达

30 余家加盟，如村田制作所、欧姆龙、太阳诱电等。

成功用于 25 万余栋建筑

很多企业开始采用 EnOcean 技术是因为其"作为面向传感器网络的技术，和其他的无线通信技术相比，有很明显的优势"［罗姆研究开发部孵化单元（兼）设备解决方案研究开发单元领导、副部长谷内光治］，最大的优势就是不用电池（图 3-6）。EnOcean 技术本来就是专为传感器网络开发的，所以通信所需要的能量远远小于其他的无线通信技术。具体来说，耗电量是 ZigBee 的 1/10 以下，Bluetooth 的 1/100 以下，WiFi 的 1/1000 以下。

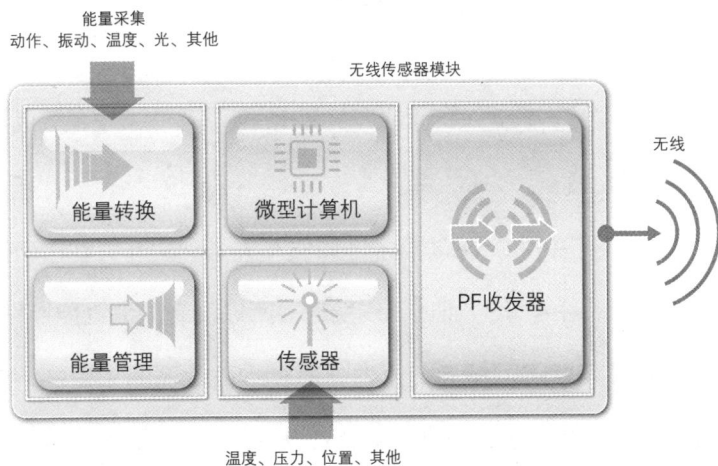

图 3-6　EnOcean 产品的内部基本结构
搭载能量转化功能。无线传感器模块不需要电池。从 EnOcean Alliance 的讲演稿资料中摘选。罗姆公司提供。

不仅仅是能耗小，EnOcean 还具有其他无线通信技术所不具备的特点。即具有能量采集（环境发电）技术。能够把从动作、振动、温度、光等转换出来的能量用于无线通信。因此，EnOcean 不需要电池。

EnOcean 的市场已经建立，以欧美为中心，25 万栋以上的学校、办公室、机场、车站、工厂等建筑物都已经引进了这项技术①。与 EnOcean 技术有兼容性的产品已经超过 1000 种

图 3-7　EnOcean 产品的示例
从 EnOcean Alliance 的讲演稿资料中摘选。罗姆公司提供。

（图 3-7）。总之，和过去的无线开关相比，不需要内装电池等成为吸引买主的关键点。

例如，利用 EnO-cean 技术的照明开关是利用开关动作来发电产生能量，由于信号通过无线发送，所以没有电池也能操作。检测门窗关闭状态的感知传感器是通过室内微弱的光发电，无线发送开关信息，也是没有电池就可以操作的。

---

① 日本的写字楼、购物中心、工厂等也已开始引进。

在支持白金频带上拥有优先权

在大多数企业提供采用了 EnOcean 技术的产品之时，罗姆公司对 EnOcean 技术做的努力同样引人注目。2012 年 10 月，罗姆公司成了 EnOcean Alliance 的主要推广企业成员。包括罗姆公司在内，全世界只有九家推广企业，在亚洲罗姆是唯一的一家。也就是说，罗姆成了开拓亚洲地区巨大市场的核心，有广阔的发展空间。实际上，罗姆针对日本和其他亚洲地区的客户，已经从 2013 年 4 月起开始销售 EnOcean 的产品。

针对 EnOcean 的产品，罗姆的目标是提供本公司独家技术的产品及其应用。

为此，罗姆大力研发使用了在传输特性上表现优异、被称作白金频带的 928MHz 频带频率的 EnOcean 产品。市场上的 EnOcean 产品从规格要求来看，日本规定 EnOcean 产品必须使用 315MHz 频带的频率。在使用 315MHz 频带的情况下，EnOcean 产品的通信距离约为 30 m，相比 ZigBee（15m 左右）、Bluetooth（10 m 左右）以及 WiFi（10 m~15 m）可以算是长距离通信了，但没有决定性的差别。

而如果使用 928MHz 频带的话，通信距离有望延长到 100m 左右。而且针对这种 928MHz 频带的 EnOcean 产品，"目前情况下，罗姆在销售方面持有优先权"（谷内光治）。

瞄准监控基础设施的用途

罗姆公司设想的 EnOcean 技术最有前景的用途是大数据获取。例如，可用于桥梁和高速公路等基础设施的监控，即在这些基础设施里装载大量使用 EnOcean 技术的加速度传感器，随时测量其振动值[1]。

对于在基础设施中安装的传感器，不需要电池的 EnOcean 技术恰到好处。"关乎人命的基础设施不允许出现因为电池耗尽而使传感器停止工作的情况。而频繁更换电池会使维修工作变得很繁杂。"（罗姆公司）

将 EnOcean 技术运用于基础设施还有待解决的课题，即通信距离在使用 928MHz 频带时达到 100m 仍不能满足需要。为此，罗姆公司考虑使用 928MHz 频带将 EnOcean 技术的通信距离延长至 1km 左右。

实现目标的关键在于如何有效利用能量采集技术创造出来的有限电能。罗姆公司的方法是积极采用本公司特有的技术。例如，作为自主技术，罗姆公司拥有半导体的非易失性逻辑技

---

[1] 一旦探测到异常即可迅速地进行详细检查和维修等。

术。由于现在实行的半导体的逻辑电路是易失性的，原则上需要电源一直保持打开的状态。而使用非易失性逻辑技术就可在常态下关闭电源，只要处理时将电源打开，处理后立即将电源关闭即可。也就是说，使用这项技术可以大幅度地减少 EnOcean 产品的耗电量。

重视面向医疗的体域网

在大数据的获取这一用途中，罗姆公司认为，与基础设施同样有前途的是用于医疗及保健等领域的近距离无线通信网络，即体域网（Body Area Network，BAN）。例如，把使用 EnOcean 技术制成的创可贴形状的传感器贴在皮肤上，可收集脉搏、体温等人体数据。这个用途不需要基础建设中那样长的通信距离，但"在通信距离相同的情况下，和其他无线通信技术相比，其主要特征是低能耗"（罗姆公司）。

体域网在适用于 EnOcean 技术方面有一个课题，那就是难以通过能量采集发电。"粘贴在皮肤上的产品不能采用太阳能发电的方式，振动也很难有效转化成电力。"（罗姆公司）为此，他们曾讨论使用纽扣电池等方法。

欧姆龙

▶ 每隔 20ms（毫秒）将数据从 PLC 传到数据库

今后，一旦普及工厂的大数据应用，现场必须处理的数据量必将呈现爆炸性增涨。预见到这样的时代的到来，欧姆龙决定先发制人，于 2013 年 4 月发售了可编程逻辑控制器（PLC）"Sysmac NJ 系列连接数据库的 CPU 单元"。与以往的 PLC 相比，

PLC（Sysmac NJ系列 连接数据库的CPU单元）

直接传送

数据库
（Microsoft SQL Server）

进行分析

图 3-8　在 PLC 获得的数据被直接传送到数据库（DB）

最快可以每隔 20ms（毫秒）保存一次数据。过去的 PLC 需要通过中转器连接数据库，而且局限于几秒钟。根据欧姆龙的资料编辑。

其特征是处理的数据量大。具体来说，获取的数据可以直接发送到美国微软公司的数据库管理系统"Microsoft SQL Server"，这是很大的卖点（图3-8）。

数据量暴涨

在新型PLC开发之际，欧姆龙就工厂大数据应用的相关业务与日本微软公司（总部位于东京）展开了合作。在大数据的应用上，获取技术和分析技术不可或缺。于是，欧姆龙在获取技术方面，日本微软公司在分析技术方面，以分别在各自擅长的领域开发产品和技术，为客户提供解决方案的形式展开了合作（日本微软公司的分析技术，参考第113页）[1]。

其最先合作的产品就是PLC。由于新产品的数据处理能力大幅提高，今后工厂产生的数据量将急速增加。例如，针对工时100 ms、工序数十个的生产线，如果要以批次为单位（1批次10个）获取产品质量和设备运转记录的主要相关数据，则年积累的数据量是1.2TB。同样的数据若不以批次为单位，而以个体为单位获取，数据量将达到12TB。并且，有些工序要用相机拍摄工作情况，若以个体单位管理图像数据的话，数据量将高达

① 其后，富士通也发布消息称加入合作。该公司负责构筑大数据应用所需系统。

3E（Exa）字节，暴涨至异次元的范围①。

过去的 PLC 无法处理如此庞大的数据量。其主要原因在于硬件的性能没有那么高。而且，PLC 和数据库之间还有计算机等中转机器介入。而新产品在提高硬件性能的同时，还省去了中间介入的中端机器，填充了让数据直接转送到数据库的功能。

从设计的基础开始重新审视硬件的功能。对比过去的产品 CPU 零件（相当于 PLC 的主机）采用欧姆龙公司自主开发的 ASIC（Application Specific Integrated Circuit）技术，新产品采用了美国英特尔公司的通用处理器，且其大部分的功能都是通过软件来实现的。由于能适用于最新半导体技术的处理器马上就能组装上，不受硬件性能的制约，所以提高 PLC 的性能就变得容易了。

将数据从 PLC 直接传送到数据库的机能编入 PLC 的控制程序编制工具中。只要是用于控制的数据或者是输入 PLC 的数据，该工具软件就能通过简单的编程工作储存符合 Microsoft SQL Server 性能的数据。因此就不需要中转机器了。

由于提高了硬件的性能，不再需要成为瓶颈的中转机器，

———————

① E（Exa）是指 10 的 18 次方；T（Tera）是指 10 的 12 次方；P（Peta）是指 10 的 15 次方。

新产品的最快速度能达到每 20ms 存储一次数据。"过去的产品做到几秒钟存储一次已经很吃力了。"（欧姆龙工业自动化商业公司控制事业部第二事业推进部事业推进一课课长本条智仁）有了这样的性能，生产线上的信息便可以随时掌握，实现可视化，方便工作人员迅速拿去分析。

挖掘来自现场的需求

在推进工厂大数据应用的过程中，欧姆龙想到了若干工厂之间的合作，以及工厂与本部之间的合作问题。例如，类似以单个数据为基础判断是否需要召回产品等，工厂的数据应用目标"不局限于工厂内部，也会扩大到整个经营领域"（本条智仁）。为了实现大规模的复杂合作，到底需要什么程度的数据，

图 3-9 "互联实验室"里展示的大数据应用示范生产线

欧姆龙还不能做出明确答复。

解开谜底的是用户反馈。在欧姆龙草津事务所里设置的产品展览室中，"互联实验室"里展示着用于新产品的大数据应用示范生产线。在挖掘现场潜在需求方面，欧姆龙又向前迈进了一步（图3-9）。

工厂技术分析篇

日立电力解决方案

▶ 数据挖掘中的预兆诊断自动化

"在能源、产业机器、信息、控制等领域，我们要努力强化高端的维护服务业务。因此，日立将积极扩大销售该预兆诊断系统。"（日立电力解决方案公司总经理小田笃）日立电力解决方案公司于 2013 年 6 月开始销售预兆诊断系统 "HiPAMPS（Hitachi Power Anomaly Measure Pickup System）"（图 3–10），该系统针对工业设备的微小变化能迅速自动判断其是否故障，避免意外停机状况的发生。

该公司掌握了各种各样的工业设备维护服务技巧，并将之与 IT 领域积累的数据挖掘技术相结合，开发出工业设备的预兆

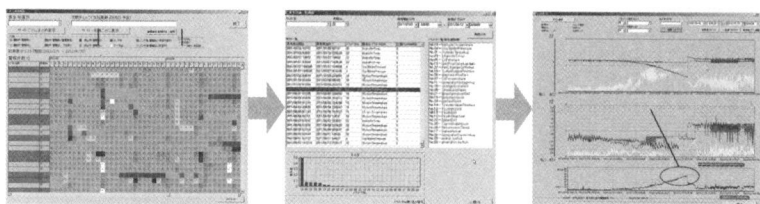

图 3-10　预兆诊断系统"HiPAMPS"的界面显示
通过数据挖掘技术有效利用从设备中获取的数据，能更早地将设备的状态变化通知用户。日立电力解决方案公司提供。

诊断系统。自 2008 年开始，日立电力解决方案公司着手利用燃气发动机发电装置进行实证测试（图 3-11）。具体来说，以 30 秒为周期，分析检测的约 30 种传感器的数据，通过将维修服务的实际经验与积累的故障处理数据库相对照，能够捕捉以往用传统方法容易忽视掉的设备的微小变化。

图 3-11　燃气发动机发电装置的现场试验
照片是日立电力解决方案公司在大沼工厂内的燃气发动机发电装置。

接下来，2011 年 9 月开始，日立在正在运行的大约 100 台燃气发动机发电装置上进行了测试，确认了该系统的有效性。

在此基础上，日立又面向汽车、造纸、钢铁、玻璃、化工厂等拥有生产设备的外部客户开展了销售活动。

引进该系统后，过去需要高度专业知识的技术员才能诊断出来的产业设备故障实现了高精度的自动化诊断。加上还可以探知设备在启动／停止时的转数和温度等状态，大变化过程中的微小变化也能够回避因生产设备意外停止而造成的损失，减少维修管理所需的劳力、时间和成本。

设定阈值很繁杂

对于汽车生产线等高运转率的生产设备而言，如果一条线故障则全线的运行都会受到影响。为此，必须在恰当的时间对设备的状态进行预防维护。过去都是依赖技术员的知识来设定设备正常／警戒／异常的阈值并在设备里安装传感器，通过监控其状态来确认设备异常与否。

但是，这种方法存在"很难设定阈值"的问题（日立电力解决方案公司常务董事土谷健次）。如前面说到的燃气发动机发电装置，在全国各地有很多与基础设施相关的设备在运转。这不足为奇。而由于使用设备的地域／场所或使用的燃料等环境条件的不同，不同生产据点的最佳阈值的选择也不尽相同。例如：如果设定"在生产设备中使用的冷却水水温达到100℃时，应该有一定的警戒",那么在九州的话100℃没问题,但在天寒地冻的北海道,阈值就应该设定在90℃。

也就是说,考虑到诸如此类的环境条件的差异,技术员在测试操作时必须考虑数值与正常值对比,一个一个地设定每个生产据点的最佳阈值。"这项工作非常繁复,必须解决。"(日立电力解决方案公司系统开发本部信息设备工程部主任技师铃木忠志)

数据挖掘技术的内容

由此开发出来的就是预兆诊断系统HiPAMPS。其核心技术是将庞大的数据进行数学分析,从中挖掘出(Mining)新发现的多变量数据解析技术,也就是数据挖掘技术。日立制作所的日立研究所及横滨研究所正在采用开发出来的数据挖掘技术。

例如:实际在HiPAMPS中使用的数据挖掘技术之一——矢量量子化集群(VQC),就是用正常值的数据预先确定装置状态的正常范围并将其设定为集群(Cluster,图3-12)。

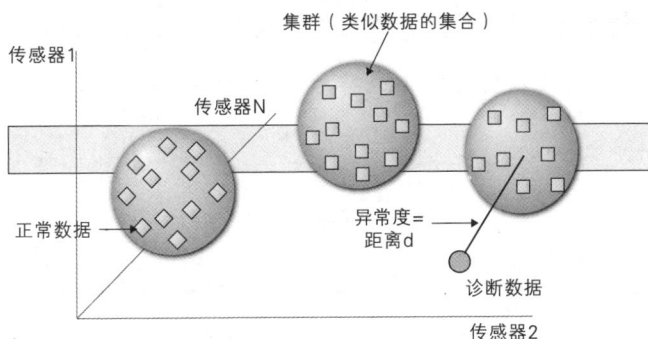

图 3-12　矢量量子化集群（VQC）技术的结合
　　将所有数据都收集起来做成集群，计算被诊断数据的异常度（距离 d）。日立电力解决方案公司提供。

　　在前文提到的燃气发动机发电装置的例子中，由于获取了温度、转数、压力值等 30 多种传感器数据，因此可以用 30 个次元（参数）的图表一个点一个点地标示于图表上（30 种数据组合），数据的正常范围使用集群的统计手法就能自动确定。如此一来，根据为了预兆判断而实际测定的数据在空间上与预先设定的集群相距多少，便可以做出预兆（异常）诊断。相距距离越远异常度越高。

可以提高诊断精确度

　　由于该数据挖掘技术是通过 30 种数据的组合来判断设备状态的，所以没有必要设定各个传感器的阈值。
　　而且，预兆诊断本身也可以提高精度。例如：使用过去设定阈值的方法，假设设备的温度上升到100℃便判断为异常。

"由于过去只设2个参数（温度和时间），温度达到100℃时便必须判断为异常。但事实上，设备运转100转时达到100℃或许是异常，但设备运转3000转时达到100℃并不是异常。由于数据挖掘技术包括了转数和温度等30种参数，所以通过综合分析可以做出3000转时不是异常的判断。"（日立电力解决方案公司铃木忠志）

下一步是太阳光发电和火力涡轮

现在，HiPAMPS每天在客户现场为大约120台运转的燃气发动机发电装置做预兆诊断。以24小时、每30秒一次的频率从30种传感器上获取测量数据进行预兆诊断，再将诊断结果传送给客户，让客户每天一大早就能进行确认。客户方面的责任人会通过总结诊断结果的表格内容和数据在朝会时报告什么地方有危险。燃气发动机发电装置"如果连续3天出现危险预兆的话，我们的检修人员、设计人员就会分析数据，根据预兆的紧迫程度准备零部件的更替，把时间安排得富余一些进行设备的维护保养"（日立电力解决方案公司铃木忠志）。

今后，HiPAMPS的适用范围将扩大到维修保养日立电力解决方案公司难处理的太阳能发电工厂和火力涡轮设备。下一个阶段，为了让汽车、造纸、钢铁、纸浆等外部客户也能使用 HiPAMPS，日立将加快推销步伐。

NEC

▶ 着眼于"不变的关系"，监控设备

近几年，设备事故不断发生。为了预先防止设备事故，NEC 正在开发"大型设备故障预兆监测系统"。日本中国电力株式会社的岛根核发电站通过实证测试，验证了该系统的效果。

NEC 调查了各种设备事故，认为"数据出现了故障预兆，却因为没有发觉而导致回应延迟的情况有很多"（NEC 事业创新战略总部大数据战略室主任宫崎宽之）。使用大型成套设备故障预兆监测系统的目的是让预兆明确、可视化，促进相关人员的合理应对。

该系统的最大特征是被称作"不变量分析"的数据分析方法。不变量分析会以设备正常运转时取得的数据为基础来定义设备的"健全状态"，然后将实时取得的数据与健全状态的数据相比较，如果发现数值异常则判定为"故障预兆"（图 3-13）。

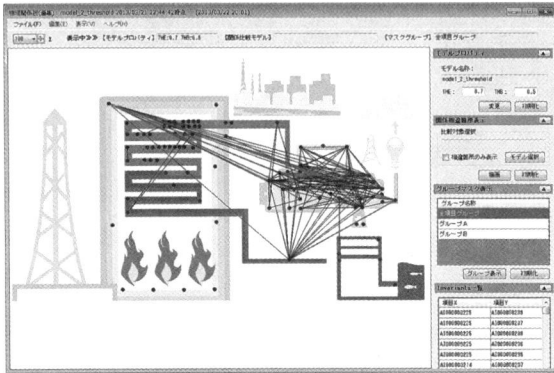

图 3-13　大型设备故障预兆监测系统

黑点是参数，参数和参数之间的连接线表示它们的关系。黑色线表示正常、灰色线表示有故障预兆。

具体来说，就是将关联性较高的参数之间的常规关系（不变量：不变的关系）设定为线性式。如果这个关系被破坏了，就要考虑是否有什么异常会发生（图 3-14）。该公司的交通与公共互联网事业部第三事业推进部经理山本敬之认为，设备所产生的现象总会符合某种物理法则，其相互关联基本都可以用线性式来表现。

当然，即使设备处于健全状态，其参数也会根据当时的流程发生变动。而设备的流程基本都有一定的周期。利用在该周期相应时间内获取的数据来设定设备健全状态，便可以提高数据分析的精度。

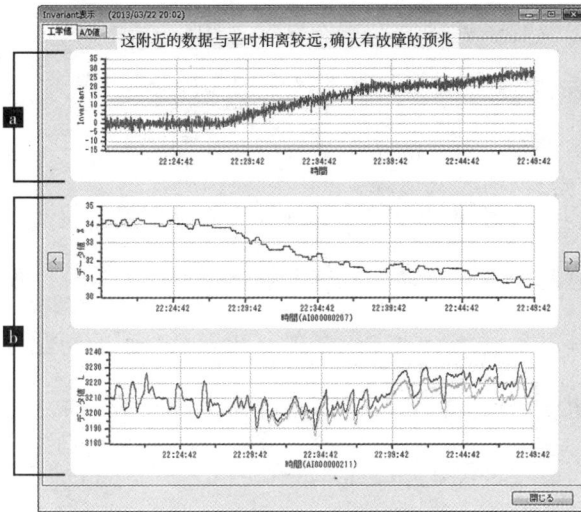

图 3-14 时间系列的数据分析

（a）是参数之间的关系，（b）是单个参数的推移。（a）表示的是正常状态下参数之间的关系（不变的关系），这时参数之间的关系有一定的偏离，偏差变大（该图上是灰色线所夹的范围之外）时，即可确认为故障预兆。此时观察（b）便可以预测异常是否会发生。

自动生成临时模型

如前所述，不变量的分析并不是针对单个参数的变动（时间数据），而是监测各种参数之间的关系表现。一般来说，基于参数之间的关系来构筑故障预兆监测系统的时候，要根据设备的构造及当时发生的现象等精减监测其表现所需的参数组合，组合还需排好优先顺序，做成健全状态的模型。

这种方法看上去很合理，但实际上对设备的构造和现象的理解，不同的设备技术员看法也不一样，因此多数情况下仅交流探讨这一项就会花费很多时间。

另一方面，NEC 的不变量分析在初期阶段一概不考虑工厂的结构、与现象相关的意见以及各参数的意思，而会先根据所有参数之间的关联自动生成健全状态模型。一旦这个模型近在眼前，其需要改善的地方依据现有知识忽略了的问题也就一目了然，也就能由相关人员进行合理修正。这样的方法能够迅速构筑更高精度的故障预兆监测系统。

这种方法的最大优势是即使物理量的单位不同、采样时间不同，但由于参数之间的关系式是基于大量数据来确定的，因此可以在故障预兆监测中起到重要作用。"由于参数不需要根据每个设备加以区分，系统自身变得很简单。"（NEC 公司山本敬之）

在 NEC 与中国电力公司共同进行的实证测试中，使用了从安装在核发电站设备上的各个传感器等获得的 3500 种参数做成的健全模型。首先，将这个模型进行实际运转，结果证实了能够检测出其实际发生的故障预兆。接下来，NEC 又将该系统导入了技术训练用的设施中，在模拟故障发生时也检测出了故障预兆。

日本微软

▶ 通过运用"Excel"找出次品原因

日本微软（总部位于东京）与欧姆龙在工厂的大数据应用业务上有过合作。日本微软今后的工作方针主要是在支持大数据分析的产品上加大力度。

日本微软在这一领域的优势是拥有工厂现场已广泛普及的"Microsoft Office"等软件工具。具体来说，日本微软不仅拥有储存大量数据的数据库，还有分析这些数据的工具以及共享这些分析结果的工具，因此工具之间的数据交换也可以顺利进行。

例如，将检查工序等过程中拍摄的工作图像数据与其他制造过程中的数据相连接，再将这些个体单位的数据保存在数据库管理系统"Microsoft SQL Server"中，便可以使用表计算工具"Microsoft Excel"的附属软件"PowerPivot for Excel"，将工作的状态、制造数据等相关信息与其生产线生产的产品质量好坏的判定结果进行对照统计分析（图3–15）。使用平时用惯了的

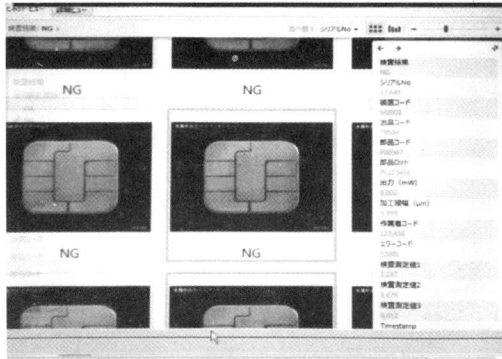

图 3-15　使用 Excel 进行数据分析

将制造数据和图像数据以个体为单位进行关联管理后，表计算工具能轻松进行统计分析。照片是使用表计算工具"Microsoft Excel"的附属软件"PowerPivot for Excel"来分析判断次品的例子。

Excel，能极大程度地简化分析。

不需要"专家"

近来，以 IT 业界为中心，伴随大数据应用的推进，被称为"数据科学家"的数据分析专家的必要性被广泛论及。为了获取大数据应用的效果，有一种声音认为，不能缺少拥有统计学等相关高深知识的专家。

然而，日本微软对这种主张表示怀疑。因为"即使懂得统计学，不精通现场业务也无法熟练应用大数据"（日本微软服务器平台业务总部、应用平台产品部部长齐藤泰行）。

齐藤泰行表示，本来在工厂聘用数据科学家这样的专家就是不现实的。而且，与其说让专家们掌握工厂的业务知识，还不如让现场的负责人掌握大数据的有效利用方法。

工厂的现场本来就具备"QC 活动"等数据分析的知识，今后要做的是以最快的速度分析更为庞大的数据。当然，为此而构建专门的系统后，将会由于需要记住工具的使用方法而产生新的时间和成本。对此，日本微软呼吁尽可能地使用以 Excel 为代表的通用工具来进行大数据分析。

通用电气

▶ 用智能手机和平板电脑对现场进行信息化武装

SCADA（Supervisory Control And Data Acquisition）作为一元化管理的系统被各工厂广泛引进，用于收集分散在整个工厂内部的各种各样的设备、机器数据。一般来说，SCADA 数据监控中心的数据只有一部分人能看到。异常发生时，这些人会根据数据向负责人发出指示，再由负责人根据指示内容在现场做出应对。

然而，美国通用电气（GE）公司的子公司——向工厂提供 IT 系统的美国 GE Intelligent Platforms 公司，正在打破这一认知。

"负责人如果能在现场分析数据的话，更能采取恰当的行动。"（该公司 SW & SVCS 软件自动化部门智能 SCADA 领导人，Mark Pipher）该公司开发的是在智能手机、平板终端上也能分析 SCADA 数据的应用软件（程序）"Real – time Operational Intelligence（RtOI）"[①]。

有事的时候，责任人为了查看数据每次都专门到监控中心或者工作单位去是不现实的。因此，便于携带到现场的智能手机和平板电脑便受到了关注。与同样容易携带的笔记本电脑相比，前者启动快，而且只需要手指尖活动就能操作，便于在现场使用。

及时共享现场的图像

过去可以从智能手机和平板电脑终端的网页浏览器上查看 SCADA 的数据。但有了适合智能手机和平板电脑终端特点的应用软件后，工厂得以在分秒必争的状况下分析大数据，这极大地提高了业务的效率（PiPher）。实际上，通用电气集团公司旗下的美国 GE Energy Storage 公司的二级电池制造工厂也引入了 RtOI，且获得了期待的成果。

---

① 导入 RtOI 的前提是使用 GE Intelligent Platforms 公司的 "Proficy CIMPLICITY" "同 iFIX" 等 SCADA 产品。

然而，智能手机和平板电脑终端可以分析、显示的信息比在电脑上受到的限制还多。对此，通用电气公司根据工厂和设备的结构，将数据分层保存，并采用树形来显示各种数据的接口。这样一来，发生故障的设备和其相关设备的数据就可以迅速得到分析。

智能手机和平板电脑终端还有派生出来的功能。大部分工厂设备都装载了照相机，所以将拍摄的图像数据加入报告书的功能等也被开发出来了（图3-16）。当然，这些报告也能立即为相关者共享。

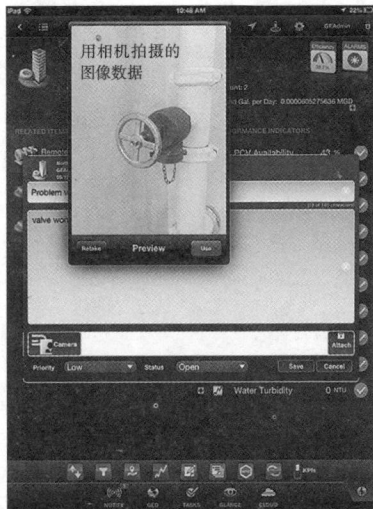

图3-16　拍摄的图像数据附着在报告书上

用智能手机和平板电脑终端自带的照相机进行现场拍摄，将图片数据插入报告书中上传后，现场的情况就可以立即与相关者共享。

管理案例：本田研究所的 SNS 节能管理
——技术人员的"点赞"能产生效果吗？

　　一手承担本田汽车开发重任的本田技术研究所（总部位于埼玉县和光市）四轮研发中心（栃木县芳贺町）开展了独特的节能活动。研究所的实验装置等各种设备的电力使用量和 CO_2 排放量被公布在公司内部的社交网络服务（SNS）上，并在中心内部的技术人员中广泛招募削减提案（图 3-17）。该公司 SNS 主页与 Facebook 等一样，可以自主提出建议且能对其他技术者的提议加以评论或投票"点赞"。从 2013 年 10 月末开始使用后，"兴致勃勃地来使用的人很多"。参与制作 SNS 的该中心技术人员相泽和人说道。

　　截至 2014 年，该中心积极开展了大规模的节能活动，主要负责引进性能出色的节能设备。特别是针对发电设备，到 2013 年为止引进的有 Mega Solar（大规模太阳能发电站）和热电联产

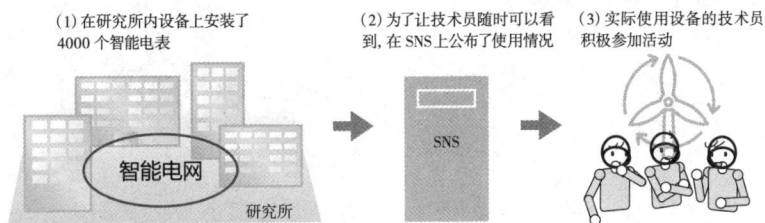

(1) 在研究所内设备上安装了
4000 个智能电表

(2) 为了让技术员随时可以看
到，在 SNS 上公布了使用情况

(3) 实际使用设备的技术员
积极参加活动

智能电网

研究所

SNS

图 3-17　在本田技术研究所四轮研发中心实施的能源削减活动的特征
　　（1）在研究所内安装 4000 个智能电表；（2）以技术员易于看懂的形式
在公司内部 SNS 网页上刊登收集的数据；（3）技术员自己发现使用时浪费
的电力，并加入削减活动。

设备，尤其是配备了用于储电的输出功率为 1.2 万千瓦的 NaS
电池系统。该中心利用这些设备，尽可能令使用的能源"自给
自足"，将夏季高峰时从电力公司购买的电量控制在一定的范围
内，实施所谓的"电力调峰"措施。

　　然而，这样的举措也有极限。节能效果的上限取决于设
备性能，具有很大节能效果的设备是很有限的。重要的是，要
加强使用设备的技术员的节能意识。于是该中心便着手建立了
SNS。本来，如果没有正确掌握设备的电力消耗情况的话，就无
法将电量使用情况记载在 SNS 上，好在该中心早已做好了准备。

▶ 装配 4000 个电表

　　其实，到 2013 年为止，四轮研发中心的设备管理科已经做好了上述的调峰准备，并开始了在中心各处都安装智能电表的工作（图3-18）。安装数量高达4000个，能毫无遗漏地收集节能活动所需数据。该科室不仅制作了研究所整体的电路系统图，还制作了每一栋研究楼内包括所有设备在内的设

图 3-18　研究所内设置了智能电表的配电盘

为了把握四轮研发中心内设备的详细运行状况，设置了 4000 个智能电表。

备构成图。"要做就要做彻底"，该科室的井坂裕治说，这是研究所的座右铭。其结果就是，从办公室照明到汽车相关的各种实验设备，都能够清楚地把握该中心内部全部设备的电力使用状况。

一般的节能活动往往只是负责设备的部门积极响应，而使用者对活动并不太关心。然而，该中心的情况不太一样，技术员自发地组成项目组，从建立 SNS 到使用都进行了主动参与。

以项目组为中心构思 SNS 方案，大体来说由 4 个要素构成：（1）首页；（2）科室页面；（3）设备页面；（4）削减方案页面（图 3-19）。

首页的作用是阅览并唤起技术员的积极性。加上每个科室达成目标的情况和削减提案的一览表，在其上部标注的横幅中显示

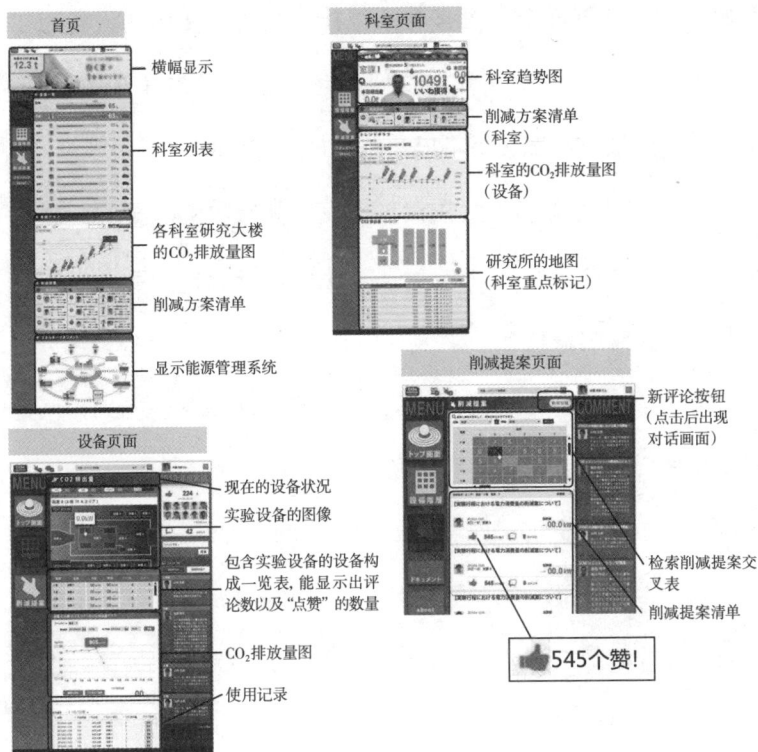

图 3-19 以技术员为中心做成的公司内部 SNS
由 4 个要素构成。针对削减提案可以添加评论或"点赞"。

一些关于环境的小知识。为了不让阅读者感到枯燥，他们还细心地将横幅上的内容设置成在每次登录进来时，都有所变化的模式。

▶让技术员"有所察觉"

在科室页面和设备页面上可以确认更加详细的用电状况。

例如：在设备页面上，可查看某位技术员实际使用的设备用了多少度电，还可以检查和以前使用时相比是增多还是减少了。了解了这些细节状况，就可以让技术员"有所察觉"。

中心内部的人都可以在 SNS 上发表削减提案。再看削减提案的页面，可以检索过去的提案，还可以按照科室或者设备等分类检索查阅削减提案。

经过了 3 个月的运行，SNS 开始渐渐有了成果。例如，汽车开发在很严酷的自然环境下是否使用空调的试验。试验时，试验车放置的室内温度必须维持在"40℃"和"-25℃"等特定的温度环境。如冬季想在 25℃的温度环境下进行实验时，周末期间也会一直开着空调，就是为了周一早上使用者一来上班就能马上开始试验。而自从实施了可视化计划以来，技术员自己也察觉到这很浪费。之后，他们倒算出周一早上能达到 25℃时的空调启动时间，更改为使用预约开启空调的方法。

如果技术员自己能够对浪费有所察觉并加以改善，就能够促进节能活动。使用 SNS 也就是为了这个目的。技术员的"点赞"能在刺激节能活动中产生多大的成果，还有待今后确认。

第四章

"互联工厂" 开始行动

网络和大数据改变制造

最大限度地利用互联网和大数据好处的工厂，即所谓的
"互联工厂"相继诞生。伴随着 IT 的进步，数据摆脱了通信速
度、处理能力以及成本等的限制，以往仿若痴人说梦般的事情
现在已逐一实现。

到了此时此刻，多数企业认为"互联工厂"是提高工厂生产
率和质量的手段。但是，外部的系统或者服务能够在线连接，必
将产生新的技术和商业模式。例如，德国举全国之力推进的技术
战略"Industrie 4.0"（工业 4.0）所展示的理念就是，在所有的物
品和服务都连接到互联网的社会，工厂肩负着核心的作用。

▶ 1 天的处理件数是 16 亿

当前，着手提高车间内质量和生产率的企业比较多。例如：

阿尔卑斯电气在国内外的所有工厂都通过互联网相互连接在一起，并构筑了实时共享生产相关数据的体制。收集来的数据通过质量工学的方法进行分析，用于改善质量以及提高生产率。

该公司工厂生产的开关和连接器，因为客户对产品小型化和尺寸精确度的要求很严，所以如果只是依靠过去的做法，要想实现质量和生产率的改善是比较难的。而阿尔卑斯电气打破了工厂间的界限，共享数据。从统计的角度来说，分母增大，分析的信赖性就会增加，可以提高改善的效果。而且，这样的实时分析的数据可以直接采纳，反映到生产线的控制上去。

生产半导体内存的东芝四日市工厂也对大数据活用进行了改善。该工厂分析了将近1000道工序组成的生产线数据，优化了硅晶片的加工和搬运等工序，提高了收益率（成品率）。

东芝优化工序并不是最近才开始的，但一直延续到现在。然而，伴随着薄晶片直径的不断增大、电路不断变细，对生产线的控制也变得越来越复杂。优化工序所需要的数据飞跃式增长。

现在的交易数（数据的处理件数）是每秒1.8万件，一天可以达到16亿件，相当于"一般制造工厂处理的信息量的40倍"，该公司副总裁兼Storage公司信息总部负责人冈明男说。为了进一步提高直径不断变大且电路不断变细的半导体存储器产量，必须这样做。

接下来，作为"互联工厂"的先进事例，我们来深挖一下阿尔卑斯电气和东芝公司在这方面所做的努力。

▶ **阿尔卑斯电气**

工序之间共享关于偏差的信息

阿尔卑斯电气在日本国内的涌谷工厂（宫城县涌谷町）、中国的工厂 Dalian Alps Electronics（大连）、墨西哥工厂 Alcom Electronics de Mexico（雷诺萨）的三个工厂通过互联网连接，共享有关生产的各种数据（图 4-1）。涌谷工厂生产开关以及连接

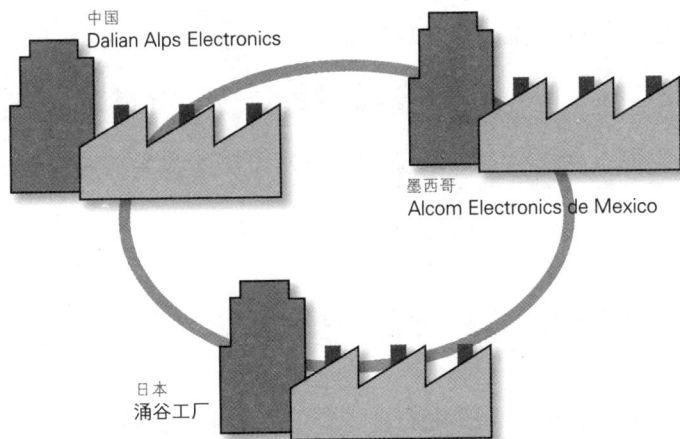

图 4-1 互联网将几个工厂连接到一起
阿尔卑斯电气在日本国内外的 3 个工厂共享与生产相关的数据，对改善产品质量和生产率能提供帮助。

器等多种产品，而中国和墨西哥工厂主要生产车载开关。

如前所述，共享数据的目的是改善产品质量以及生产率。从三个工厂的制造设备和产品中收集来的数据会被送到设在涌谷工厂的生产总部进行分析。其分析结果用于研究产生次品的原因和预防措施，并运用于制造设备和设计产品，实时地反映到设备的控制中。

该公司如此重视数据是因为对产品质量和生产率的要求越来越严格。通过对三个工厂的数据实行一元化管理，能使数据分母增加，从而有望提高分析结果的可信性。

使提高产品质量难度变大的是该公司的开关和连接器等产品越来越小。例如组装工序，过去只要能够保证以组装工序为单位的公差标准就能够实现所期待的质量。然而，由于产品越来越小，各工序所要求的精度越来越高，如果还维持过去的标准值，那么稍微一点点的偏差就能产生无法忽视的质量问题。保障足够的质量已经不是那么简单了。

使用前馈控制防患于未然

目前的做法是，收集来自3个工厂的生产设备和产品的各种数据，实时监控其偏差。借此来预防次品发生，或在发生异常之前对设备进行维修。

来自各个工厂、各个设备的数据是多方面的。例如，从作为主要生产设备的、可以使产品的组装工序自动化的自动组装设备上，可以获得马达的转矩、速度以及直线运动机构的特性等数据（图4-2）。"我们收集改善质量和生产率所需要的数据。"该公司生产总部测量与控制技术部部长小泽利亮说。

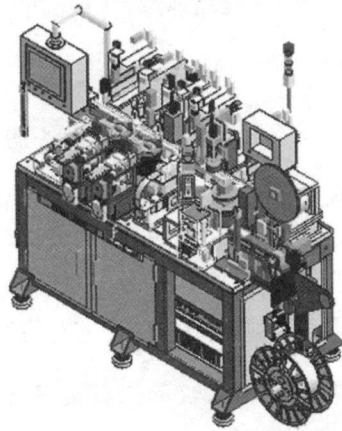

图4-2　自动组装机
适合于开关和连接器等各种产品。

另外，通过实时监视偏差，在某一个工序产生的偏差就可以通过调整后一个工序来抵消，使整体最优化。尽管原则上是按照不产生偏差来设计生产工序，但由于材料原本存在的偏差和设备老化等原因产生的偏差也是无法完全避免的，在这一前提下，该公司制定了通过分析数据结果来进行前馈控制的方针。

通过模块化加强对数据的运用

事实上，自动组装机的模块化已经在进行，只要改变一部分的设计就能应对各种组装工序，其通用性很高。这在应用数据方面也是个利好的变化。

本来，自动组装设备的设计是只要将被加工产品的结构和功能、组装工序的内容等输入系统就能完成基础部分的设计（图4-3）。具体来说就是，"零件从上面开始组装""拧紧螺丝"等，备好几个像这样的每道工序专用的模块，然后"只需要将这些模块组合起来就能完成设计"，阿尔卑斯电气生产总部机构设计技术部部长北村修说。

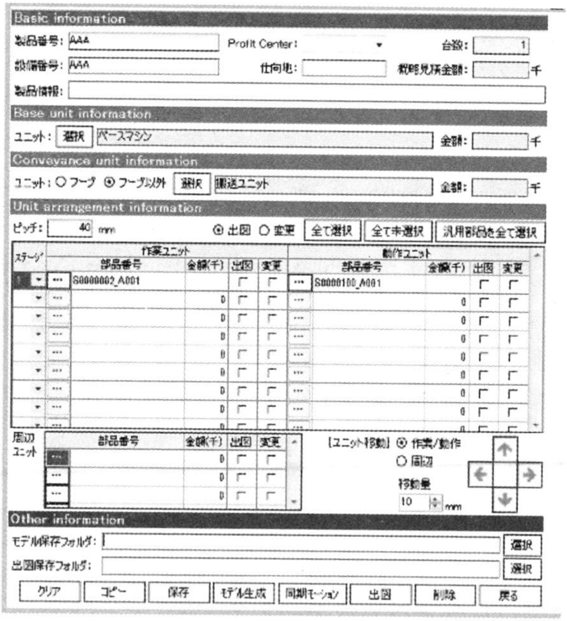

图4-3　自动组装机的设计系统画面
　　制定的格式中不仅能录入产品的结构和性能、组装工序的内容等信息，还能完成基础部分的自动设计。

该公司称这种设计手法为"编辑设计"。这样一来,制造设备整体的 80% 都能设计好,其余根据每个产品和工序的不同而需要分别设计的部分也就只剩 20% 了。

按照这样的构造,在不同产品的生产设备之间,只要工序相同,所搭载的模块也就一样,所以通过分析数据所获得的知识也能共享。也就是说,不同的产品设备依据数据所得的改善方案还能够横向展开,从而促进工厂整体改善质量和生产率。

▶ 东芝

优化数万亿种组合

生产半导体存储器的东芝公司四日市工厂之所以推行大数据运用的举措,是因为其面临着鲜为人知的严峻商务环境(图 4-4)。首先,进一步提高生产线的成品率(产量)已经非常困难,因为硅晶片的直径越来越大而电

图 4-4 东芝在四日市工厂生产的半导体存储器

照片是将 NAND 闪存和控制器芯片合为一体的"组合镶嵌式"产品,具备控制功能。

路越来越细，导致生产线愈加复杂。

半导体存储器刚一投产时即可达到高产的情况几乎是没有的。工厂必须在不断尝试摸索中提高产量。而即便如此，生产仍一年比一年难。

另一方面，半导体存储器的价格"每年下降 50%"（冈明男）。也就是说，花太多时间提高产量的话也会让商机逃走、利润率恶化。所以为了确保利润，有必要同时提高产品质量和生产率。

即使是相同的设备也会产生偏差

如果要提高生产线，尤其是在薄晶片上成型电路的"前工序"的产量，需要成膜、涂光刻胶、曝光、蚀刻、除去光刻胶等加工工序都保持高质量。因此，必须考虑用什么设备、什么工序来实施才能实现最优化。然而，工序的组合数是一个非常庞大的数据。具体地说，薄晶片的生产是在 5~10 台的制造设备之间传送并最后成型的。然而一台设备上就有几十道工序（图 4-5）。而且，为了制作并嵌入复杂的电路图，从成膜到除去光刻胶的过程需要反复几十次，所以整体的工序数就有将近 1000 个，单纯地计算工序的组合，其数量可达几百亿种。

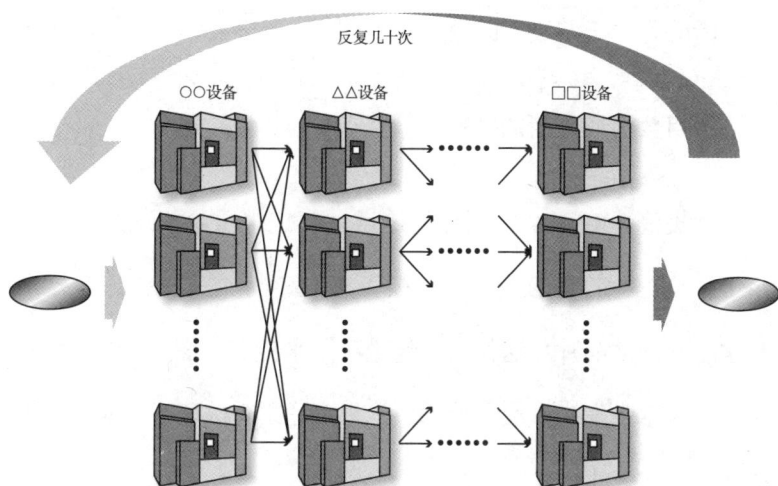

图4-5 半导体存储器生产线示意图

在5~10台生产设备间传送晶片。每一台需要几十道工序。这样的程序要重复几十次。

其中，使用曝光设备的光刻工序容易产生次品。最近，电路越来越细，这就对确定位置时的精确度要求得越来越严格，即使是使用同一个曝光设备生产厂家的相同机种，由于设备个体之间存在偏差，而这种偏差对产品质量的影响也是无法忽视的，因此，厂家会尽可能地使用同一台曝光设备来曝光一张薄晶片几十次。

但是，如果将其作为绝对条件的话，曝光设备的负荷将会产生不平衡，整体的生产能力就会下降。为此，要求在一个很精密的层面实行优化。这种优化需要充分分析从生产线上收集来的大数据。如前所述，一天的交易数是16亿次。如果积累3

年的话就是"千兆级"的数据量了。

活用数据成为新的技能

为提高生产率，薄晶片的传送效率也很重要。东芝的四日市工厂内，生产线横跨 Y3 栋 / Y4 栋 / Y5 栋这三栋楼，在楼内和楼之间的薄晶片传送使用"运送车"来传送（图 4-6）。然而，运送车也常常发生"交通堵塞"。尤其是在运送车汇合或者掉头的地方经常发生。

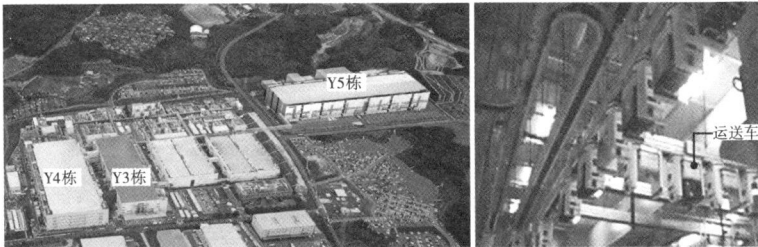

图 4-6　通过运送车运送薄晶片
东芝的四日市工厂内，生产线的全工序生产线跨过 Y3 栋 / Y4 栋 / Y5 栋这三栋楼，在楼内和楼之间的薄晶片传送中使用"运送车"来传送。

现场很清楚"一般都在那个位置发生堵塞"，但这也只不过是一种直观的感觉。而到目前为止的大数据分析在此起了作用。将运送车发生堵塞的现象模块化，便可以精密地进行模拟，进而获得防止堵塞的对策。根据运送车的情况控制车的速度和间隔距离便可以将堵塞消除，大幅度减少晶片的传送时间。

冈明男指出，重要的是要融合"直觉"和"客观力量"来分析大数据。直觉是指与制造相关的技术员所持有的技能和知识，客观力量是指分析结果。无论缺少哪一部分都是不充分的，必须由熟悉现场的技术人员来运用大数据，他们能够更早地发现问题并得出解决问题的对策。

从这个意义上来说，PDCA（Plan、Do、Check、Act：计划、执行、检查、行动）循环解决问题的基本做法还是很重要的。通过数据分析，不仅可以实现产品质量和生产率的飞速提高，还能磨炼所持有的技能和知识。随着车间的变化，"技术员有必要具备运用大数据的职业技能"（冈明男）。

▶▶ **产业界·政府·学术界保持同步的德国，目标直指标准化**

以工厂为中心，通过互联网将所有的物品和服务都串联起来，创造出新的价值和新的商务模式——德国政府推进的技术战略"Industry 4.0"（在德语中称为 Industrie 4.0，以下称工业 4.0）的理念正是"互联工厂"（图 4-7）。

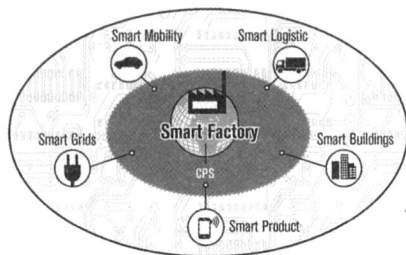

图 4-7　工业 4.0 的概念

　　就是所有物品和服务都连接到互联网的社会（Internet of Things、Internet of Services），其构想是在物联网中，由 IT 智能化工厂（Smart Factory）担任核心的角色。

　　出自：Industire 4.0 Working Group *Recommendations for implementing the strategic initiative INDUSTRIE 4.0*

　　这个名称具有第四次工业革命的意味。第一次是从 18 世纪到 19 世纪，伴随发明水力和蒸汽机的运用所引发的机械化革命。第二次是 19 世纪下半期普及的电气使用。然后就是第三次，20 世纪下半叶通过可编程逻辑控制器（PLC）实现了自动化。工业 4.0 计划的地位是可以与之并肩的技术革命。

　　德国对工业 4.0 的热情也来自于项目成员的阵容。除了各政府部门参与之外，戴姆勒（Daimler）公司、宝马（BMW）公司、博世（Bosch）公司、西门子（Siemens）公司等代表国家的各大企业、主要的大学和研究机构也都已经参与进来。从工厂开始重视互联网和大数据的潮流中，产官学团结一致，力图建立德国在该领域的主导地位。

宏大的理念是其向心力

产业界的成员，也包括相互存在竞争关系的企业。而他们之所以能够汇聚在工业 4.0 的旗下，是因为有共同的利益。这个利益就是，通过国际标准化而获得商业机会和成本竞争力。

首先，要实现工业 4.0 的概念，数据通信协议以及测量方法的标准化是不可欠缺的。实际上，西门子公司的副总经理兼工业部门 CEO、深层参与了工业 4.0 的 Siegfried Russwurm 先生列举了标准化这一课题。

德国的目的是掌握标准化的主导权。这样的话，将扩大对于机器和传感器、软件等的开发，并为销售企业带来更大的商机。而且，导入这些标准所需费用和人工也会比较少。也就是说，他们的战略是制定标准就能掌握业务和优先权。工业 4.0 这样巨大的理念是很多成员所追求的向心力。

那么日本现状如何呢？目前也有一些先行采用数据运用

的个别企业和工厂。但是可以匹敌工业 4.0 那样的联合行为目前尚未出现。假如将来德国真的实现了标准化，日本好不容易建筑起来的制造业领先地位将会消失，就不能充分获得"互联工厂"的好处。所以日本急需跨企业和业界界限的标准化合作。

通用 ID "ucode" 改变制造业

——网络型制造的合作基础

随着网络技术的进步以及智能手机和平板电脑终端等新型信息机器的普及，网络将世界上所有事物联系到一起的时代已然来临。制造业也同样进入了以网络连接为前提条件开发产品的时代。这时，坂村健[①] 提出的通用 ID "ucode" 就成为物品与网络之间相联系的结点。

今后，各公司的战略目标将从由本公司内自行开发出所有产品转移到利用现有技术和服务资源上。但不知如何保证

[①] 坂村健：1951 年生于日本东京，任东京大学研究生院信息学环境教授、Ubiquitous 信息社会基础研究中心主任，工学博士。从 1984 年起开始构建开放性实时 OS "TRON" 系统结构，该系统被广泛用于手机、数码相机、传真机、汽车发动机控制系统等各种不同的领域。2003 年荣获紫绶勋章。2006 年荣获日本学士院奖。著有《Ubiquitous 指什么》（岩波书店）、《不完全时代 科学与感情之间》（角川书店）等多本著作。

可信度也是让不少公司犹豫不前的重要原因之一。如果使用通用 ID "ucode"，就可实现物品和企业活动的可追溯性，继而解决上述问题。以下内容是坂村健对"制造业所处现状""制造业的未来和面临的困难""利用 ucode 解决问题"所做出的讲解。

本文中介绍的通用 ID "ucode"指用于识别物体及场所的代码。尽管利用作为媒介的条形码和 RFID（Radio Freauency Identification，射频识别）这点和现有的 ID 体系相同，却也存在很大的不同之处。即仅仅收纳了媒介识别用的 ID，其他的相关信息（如物体及场所的名称等信息）则储存到网络服务器上等，实现了不限于某种特定目的的通用性能。ucode 是以网络社会为前提的通用 ID 体系。

笔者认为这样的 ucode 机制会作为今后扩展的网络型制造合作的基础发挥重要的作用。所以，下面先就网络化进程中制造业所处的状况，来说明 ucode 对制造业面临的难题会起到怎样的作用。

▶（1）制造业所处现状：以互联网连接为前提进行开发

制造业领域已经从自己独立开发运营的时代发展到必须和

他人（或其他公司）合作、协调的时代。尽管核心技术仍由自己所在的公司开发，但其他技术就要采取机动性的灵活战略，积极从糅合的方法 ① 及开放性系统中吸收重要的信息技术。

坂村健正在开展的"TRON 项目"就是以该战略为基础，开发 OS 等课题，并成为先行无偿公开该源代码的开放性体系结构的先驱。该项目的成果（实时 OS 的"ITRON"和"T-Kernel"）已被用于很多产品，并且在不断拓宽应用领域（图 4-8）。

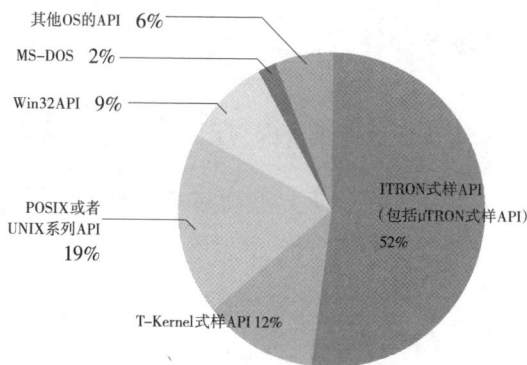

其他 OS 的 API　6%
MS-DOS　2%
Win32API　9%
POSIX 或者
UNIX 系列 API
19%
T-Kernel 式样 API 12%
ITRON 式样 API
（包括 µITRON 式样 API）
52%

图 4-8　组装系统用实时 OS 的 API 利用度

以组装系统相关展示会上的到场观众为对象，对利用实时 OS 的 API（Application Programming Interface）情况进行调查，将其中利用最多的答复所占的比例加以总结。从图中可看出，ITRON 和 T-Kernel 的 API 合计占了六成以上。此项调查由 T-Engine 论坛实施，有效答复数为 165。

---

① 糅合，指通过组合 Web 服务业界中已有的服务 API（Application Programming Interface）衍生出的新型服务。原指将几种不同风格的音乐混合的音乐业界术语。

即使是需要高端用户界面（UI）的智能手机，一般也使用了"Linux"等开放性 OS。OS 的高级中间软件层由面向"CNU"或 T-Kernel 的"T2EX"等开放性软件构建，更高级的应用层多利用了"Qt"或"Android"等已有的平台。

这种趋势不仅限于软件。有的公司出现不自行开发印刷线路板，而是在开发的过程中应用"Raspberry Pi"等开放性硬件资源[①]，或者搭载在批量生产的产品中。

用户可追加功能

正如糅合方法及开放性系统的应用一样，近年来在制造业，和云计算型服务互动的产品策划变得越来越重要。通过和互联网上服务的组合，提高了产品的魅力，而不再采用以前的强化单个产品功能的方法。

数码照相机就是典型的例子。其不仅具备了和无线 LAN、互联网连接的功能，还可将拍摄下来的数据直接上传至互联网。以往主要是上传到制造商运营的 Web 网站，最近增加了很多可上传到"Twitter"或"Facebook"等 SNS 服务平台（Social

---

① 开放性硬件资源指以和"可重新自由匹配""无论是谁都可以使用的资源"等开放性软件资源满足同样条件的形态，将设计图等制作必需的全部信息公开的硬件结构。

Networking Service）的产品。同样，连扫描获取的数据都能够直接上传到"Evernote""Dropbox"等云存储服务的产品也非常受欢迎。

这种连接到网络的相关功能，有的产品即使产品本身并未安装，用户同样可以根据需要在购买后追加该功能。产品本身仅备有和上传数据有关的选项，用户通过购买具备该功能的存储卡（SD卡等）就可以实现该功能。这种积极利用糅合及开放性系统的方法，在加快开发速度的同时，也提高了产品的性能，成为网络时代制造业的特征。

在发生故障前进行修理

最近，这种发展形态不再是以产品本身受限的资源执行复杂的操作，而是将由具备先进用户界面的智能手机操作的AV机器及生活家电产品化。以连接网络为前提，将一部分的操作功能转移到智能手机上操作。

今后，随着网络的高速化、低成本化及长时间连接化，这种趋势会愈演愈烈。不仅是用户界面，和控制及功能有关的逻辑部分也都转移到云端（网络）的功能分散型产品将走到时代前沿。

在美国General Electric公司发布的产业领域网络应用构想

中，计划在该公司的飞机发动机、医疗器械等所有产业机器上安装多个传感器，将获得的大量数据传送到云服务器进行实时处理。这样，不仅能在控制上更加效率化，还可以在故障发生前捕捉到征兆并加以修理。可以说这是将和数据分析、控制有关的逻辑中的一部分处理操作转移给云服务器执行的典型事例。该公司将该系统用在其所管理的全球 1.2 万座风力发电用涡轮上，由于其实现了预防性修理，不仅节省了 3000 万美元，还获得了因效率提高而增收的成效。

同样，该观念也适用于民生领域。制造商生产出的 AV 机器及家电等产品可连接到云服务器（图 4-9），不仅提高了效率和便利性，还可实现预防及保障安全的目标。和云服务器连接

家庭服务器集约型　　　　　　　　云服务器集约型

图 4-9　和云服务器相连的 AV 机器及生活家电

以前，人们曾经设想过将 AV 机器、生活家电连接到家庭局域网上，进行信息采集及机器操作。但因为在家庭服务器的构建、应用、维护及机器之间的互动性方面出现了瓶颈问题，所以并没能成为主流。然而，云服务器价钱便宜，使用方法简单，如果能和具备先进用户界面的智能手机或平板电脑终端一起使用，今后就可以实现这种构想。

变得常态化后，每个产品都能成为将云服务器和真实世界联系的终端产品。所安装的系统也起到了眼睛、耳朵、手足的作用，成为掌握现实世界状况的手段，并可在现实世界中执行某种操作。由云服务器对现实世界中的大量数据做出处理，并连接到实时网络。也就是说，开放化信息超越了地域的限制，实现了连接到互联网的物联网（IoT）的世界。

▶（2）制造业的未来和课题：保证开放性产品的可信性

在物联网的世界中，制造商云端操作的相关责任应限定在能否对操作指示做出正确的反应，而不是操作结果。只有在这种制度下，日本的制造商基于此概念开发出的产品才能在市场上占据一席之地。

例如，使用智能扫地机器人时，如果撞翻了佛坛前的蜡烛怎么办？制造商对此进行的讨论一直都没有结果，因此，尽管在技术上该产品可以成立，却很难真正实现产品化。然而，当美国企业的这类产品被市场接受后，日本的制造商感到放心，于是便奋起直追。

从上述的实例可以看出，日本的制造商在该公司的责任范围内，追求完美的倾向极强。而云端操作又极难划分出公司应该承担的责任范围，大概这才是日本制造商对责任范围模糊的开放化现实踟蹰不前的原因。

以价值的观点来看垂直整合、水平分工、联合、糅合这些制造形态，和后面列举的形态一样，工程之间的联系既不紧密又不同步[①]。在确保产品信赖度方面，尽管垂直统一管理上公司负全责，但在水平分工上，订货发货关系及联合上的利益共同体意识不免淡薄。而糅合手法如果从极端的角度来讲，更是只相信被公开的规格说明书，但现实却无法保证该规格的有效期。

可以看出，适用糅合手法的开放化产品在信赖度上存在很大的问题。可如果因为这些问题而在开放化的道路上驻足不前，则又会成为第二个智能扫地机器人，那样日本就再没有未来可言（图4-10）。

图4-10　美国艾罗伯特 iRobot 的智能扫地机器人 "Roomba"

最先产品化的智能扫地机器人开拓了新的市场。

开始着手开放化产品的制造商不仅要在限定的责任范围内尽可

---

① 这里的联合指针对特定的事业或目的，几个企业以对等的立场进行合作的形态。

能地保证产品的信赖度，更要转换意识，不能一味追求范围之外的完美性。

例如，汽车交通系统是早就有的开放网络型系统。但每年都会有死伤者出现，不可能让汽车制造商承担所有责任。所有的相关因素（包括汽车驾驶员、道路管理者等在内）分担责任，不足之处再由道路交通法、保险等制度弥补完整，从而维持整个系统的完整性。制造业也同样如此。

难以交换的组装系统

因为采用了糅合的手法，产品开发的比重提高了，如果说制造商必须应对这种形势对责任做出限定，那么制造的相关者同样有承担相应范围内责任的义务。正因为物联网世界要靠网络技术实现，所以利用网络技术作为担保信赖度的手段同样重要。

开放性系统的可信赖度问题早在软件的开发现场就已经被指出。例如，Linux 中，OS 的改动者就有将更改部分的源代码展示给使用者的义务。这种协议被称作"GPL"（General Public License，通用公共许可证），是对变更部分不会变成黑箱的信赖

度的最后担保依据 [1]。

可实际上改动过的版本极多，糅合的结果是出现了很多负面问题。甚至有的改动侵犯了他人的知识产权，事后才被察觉。基于"使用者通过读取源代码，自己判断责任问题"的信赖度担保手段也只有在提供者和使用者双方都具有 Linux 程序员般进行交流的水平的条件下才可能成立。

纯粹的软件都面临着这些问题，组装系统的问题更严峻。很多组装系统都是 ROM（Read-Only Memory，只读存储器）化后出库，售出后即使出现问题也无法进行简单的更换。尽管在组装系统的开发阶段，会对核心部分进行强化性能的高度匹配调试，但因为该内容对制造商而言是重要的技术知识信息，因此很多制造商选择不对外部公开。

可追踪到更改记录

在促进 ITRON、T-Kernel 普及和标准化的论坛中，考虑到上述组装系统开发现场出现的问题，人们针对开放系统中用到的网络技术的信赖度担保条款，在"T-License 2.0"的协议中做出了规定。

---

[1] 指对软件本质的信赖度，但对是否正确操作不做担保。

"T-License 2.0"协议中,许可自由重新发布改动版本,不要求公开源代码,但在重新发布时,有义务必须以独特(固有)的 ID,将更改前和更改后代码的地址等软件和 ID 的关系进行登记注册。这样,就可以从 ID 追踪到相关改动的详情(路径),最低限度地对信赖度进行担保。

鉴于这种情况,在开放性制造的信赖度担保机制上,和 GPL 形式相比,"T-Licencse 2.0"的形式更加适合。制造业中不仅是软件,包括零件和材料也都会成为分配 ID 的对象。按照识别对象的成本和重要度,使用"QR 码"和 RFID 等各种不同种类的媒介。组装时,将记录了零件、材料及包含它们在内的高级单元的关系等按照目录(制造 / 出库 / 物流 / 设置 / 修理交换 / 废弃等)整理的信息存入服务器中,附上 ID,以便需要时进行追踪。

这样建成的可追溯性系统可在开放制造领域起到保证信赖度的作用。具体分为维护记录的管理、基于维护记录管理获取的数据所进行的预防性修理,以及根据制造记录特定问题发生的原因、不良产品的回收等。

▶(3)利用 ucode 解决问题:"ucode"的开发与普及

利用开放系统构建可追溯性时的重点在于开放 ID 的目的,

即不限定于特定的目的。而且，在发行和利用 ID 时，也必须进行开放。

开放 ID 的目的指一个 ID 不仅用于担保产品的信赖度，还要用于如制造 / 物流 / 库存管理 / 维护保养 / 动态资产管理（租借和出租等）/ 运用效率化 / 顾客服务 / 市场等各种不同的目的。尽管在开放系统中，信赖度的担保非常重要，但如果制作 ID 的目的仅此一个，成本的负担就太大了。

一般来说，在 ICT（Information Communication Technology，信息通信技术）的领域，"无论是谁都能用、什么都适用、大家都会用，成本就会下降"是铁一般的准则。按照一个目的准备 ID 的管理体系在局部区域可能最适宜，效果也可能不错。但我们从网络中学到的是追求开放的更好的效果，可以说可追溯性系统的 ID 也完全应该如此。

同理，ID 本身不具有任何含义。如果像"第 3~8 行显示制造的年月日"一样被设置，结果反而会限定 ID 的用途。例如，在 POS（Point of Sale，销售点）系统中使用的条形码"EAN 码"（日本为 JAN 码），最早是国家码，后来成了企业码……因为这种构成被赋予了意义，分配有限的位数，所以无法用于识别个体，几乎都变成了 POS 系统的 ID。这也是由通信成本高，以地域处理为前提条件的时代所决定的。

发行和使用都开放化的 ID

如今，人们已经开始以网络为前提构建新的 ID 体系。通过网络，发行"无论是谁""无论何时""无论要做什么"的 ID，发行方只要确保这个唯一的、独一无二的特点就可以了。而且，包括发行者在内的使用者，可对"无论是谁""无论何时""无论要做什么"的 ID 添加信息或服务。是一种将 ID 投放到云服务器，收到与目的或权限相应的信息或服务反馈的模式。

例如，在食品供应链内，很多小规模的从业者身处相关业界，能够实现可追溯性就显得极为重要。发行"无论是谁""无论何时""无论要做什么"ID 的方式，就像在肉类市场，先将肉的各部位分解，装入店面的一个袋中，再细分后销售这样反复对识别对象进行分开或合成处理。预先对最终的产品单位加上标签，因为不可能将整个过程记录在标签上，只有在拆分、合成识别对象时，发行新的 ID，在云服务器上记录其与以前 ID 的关系。这样，ID 之间的关系明了后，就可以对原产地及加工工厂等进行调查。

EAN 码以后出现了"EPC 码"，利用 RFID，增加了许多位数，可以对个体进行识别。但只有向管理组织交纳注册费的制造商才可以获得产业代码，进而发行 ID。农户、屠户、收购商、零售店等中小商户或个人很多都没有权限单独支付注册费以购买产业代码。因此，开放 ID 发行使用就显得格外重要。

有效防止仿制品

坂村他们开发出了"无论是谁""无论何时""无论要做什么"都能开发利用的 ID ucode。2012 年，国际电气通信联合（International Telecommunication Union，ITU）建立了国际标准。以往 ID 的国际标准都被用于"家畜用 ID"等固定的对象，可以说 ucode 作为通用 ID，率先在国际标准化上取得了成功。

实际上，ucode 还实现了前面介绍的 T-Licencse 2.0 的可追溯性。其他场合的利用率也在增加，在家用火灾报警器和 LED 电灯泡等不限于制造商的场合，作为追溯用的代码，已经对 300 万个以上的产品分配了 ucode 的 ID，标上了 RFID 码。这些产品在更换电池等维护业务以及修理产品等维修业务中，大大提高了效率①。

现在还探讨将 ucode 用于防止仿制品。具体会将与供应链相关的各企业对 ucode 码识别的物品进行怎样的操作（加工 / 组装 / 搬运等），以及与其他物品之间的关系等信息存储到云服务

---

① ucode 在制造业以外的领域也得到了普及。例如，在日本东京都和国土交通省的验证性试验"东京 Ubiquitous 计划·银座"中，分配给东京银座的道路或建筑物 ucode 的 ID，获得二维码或 RFID，利用专用终端或智能手机等读取 ID，获取路径或店铺等相关信息，并在各种国内外项目中使用。

器[1]。在使用新产品时，只要读取该产品上的ucode，对照云服务器的记录，即可判断是否是伪造品（图4-11）。

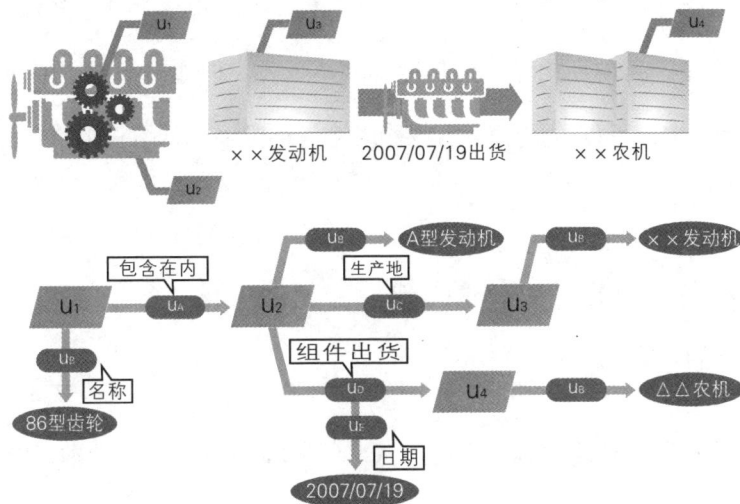

图4-11 制造业供应链灵活应用ucode的图例

u_1-u_4是ID本身，u_A-u_E是参照ID分出的信息种类。实施组装时，分成u1、u2、u3、u4等新的ID，实现可追溯性。

即使当时并未检查出是假货，只要之后真货被使用，就会出现"有两个相同物品"的矛盾，进而检测出假货的存在。这是因为ucode有128位，通过无数种排列组合产生了各自不同的ID号码，实现了通常所说的"一物一码"。

管理记录的云服务器既可以进行业界团体的集中管理，又

---

[1] 在云服务器的记录中，使用了可显示ucode之间关系的图表"ucR"（ucode Relation）等数据形式。

可以进行各企业的分散管理。如果采用分散式管理，则由该公司的服务器自行管理自家的记录，并可对外部的咨询进行回复。

防止仿制品的目的基本上是为了对风险进行管理。然而，仅为这一目的而构建可追溯性却并不现实。但如果采用通用的 ucode ID，不仅可用于其他各种用途，还可以降低引进的成本，使用的空间很广。

通用 ID 将成为合作的基础

利用开放性网络进行物体识别在物联网时代是重中之重。尽管机器直接连接到互联网上时，可利用 IP 地址进行识别，但 IP 地址最多也只能识别到连接机器的地点，转移机器后，IP 地址也会变化，因此无法用于识别物体。

要想识别未直接连接网络的物体，就需要组建和 IP 地址不同的体系。例如，如何对要放入冰箱的食品包装和要放入洗衣机中的衣服进行识别？答案就是上述介绍的开放性通用 ID。所以，通用 ID 最初用于物联网，慢慢地被广泛应用于防止仿制品等各种用途中。开放性通用 ID（ucode）相当于起到了在 IoT 这种"物联网"中 IP 地址的作用（图 4-12、图 4-13）。

图 4-12　RFID 内置的螺丝（左）和食品包装上的 QR 码（右）
很多防伪标识使用了 RFID，食品等商品使用 QR 码即可。

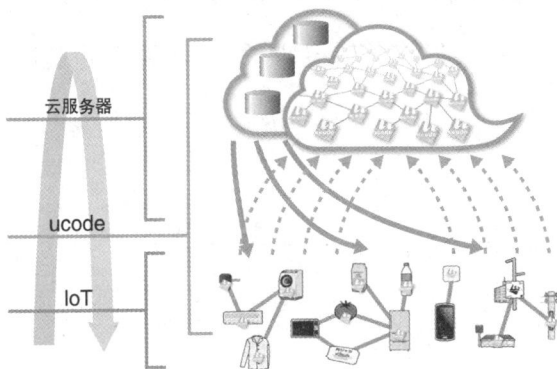

图 4-13　物联网领域中 ucode 所处的地位
　　利用 ucode，将物体分配到的 ID 和云服务器上存储的信息联系到一起，即使是未直接连接到互联网上的物体也同样可以轻松被采集到信息。这样，随着物联网范围的扩大，云服务器上所存储的现实世界的分析对象也在同样增加。其分析结果将以服务的形式，重新反馈回物联网领域。

　　Ucode 可追溯性系统不仅可以担保信赖度，还可成为糅合制造的合作基础。现在一直只有大企业才能使用的制造管理及库存管理系统也将成为中小企业个人与其他企业个人合作的工具。

ICT 领域的美国企业擅长克服大企业容易犯的判断迟缓和过度重视法律法规的弊端，以风险投资的心理，将糅合手法和开放性系统作为杠杆，进行了飞跃式创新。同样的趋势也可能出现在 3D 打印机的低成本、多品种少量代表性生产技术的制造领域。从云资金①或云资源②等资产及人才的层面来看，就算不是大企业，也可以打造出可实现高度制造的环境。

由此可见日本"匠人国家"的前景。只要具有实力的中小企业联合起来，以相当于大企业的体制从事生产制造，就会给整个制造业注入活力。那时，ucode 作为合作的基础，一定会发挥重要作用。

---

① 云资金：经由互联网，从不特定多数来源集资的办法。可被用于开发特殊产品所进行的集资活动中。作为报酬，资金提供者可获得产品或分配利润等。

② 云资源：经由互联网，将业务委托给不特定的多数从业者。

第五章

工业化农业开始起步

□ 提高高品质作物的生产率

　　——IT 技术广泛应用于农业生产

□ 制造业逐渐渗透至农业领域

提高高品质作物的生产率
——IT 技术广泛应用于农业生产

传感器和智能终端被灵活应用于农业生产，用来收集各种信息，并将该信息放在云端等平台上实现信息共享，以提高农业的生产率。富士通与日本和歌山县的蜜橘种植农户携手合作，开始了栽培高品质蜜橘的验证性试验。NEC（日本电气）和 NTT（日本电信电话株式会社）等公司也开始提供监控因东日本大地震引发海啸而受到盐害灾害农田的复兴状况的服务。

因气候等不确定因素，农产品的产量及品质易受影响。并且，长久以来传统农业很大程度上仍依赖人的经验和专业知识。然而，根据定量的数据分析，发现还可以以较低的成本栽培出高品质的作物，并进一步验证出是否能以合适的成本运营，以及专家传授给新人专业知识的效果。从制造领域来看，传感器和信息器材等硬件层面及品质管理和生产管理等软件层面都可以对农业做出贡献。

▶ 提高高品质蜜橘的生产率

富士通于 2011 年春，在种植蜜橘的早和果树园（总部位于日本和歌山县有田市）开始了应用 IT 技术的验证性试验。早和果树园占地 6 万平方米，不仅种植蜜橘，还进行果汁、果冻等产品的生产加工。

验证性试验中，在果园内的 5 个地点设置了传感器，每隔一段时间收集一次气温、降水量及土壤温度等数据（图 5-1）。操作人员还可使用智能手机输入注意到的异常情况等内容。园地内

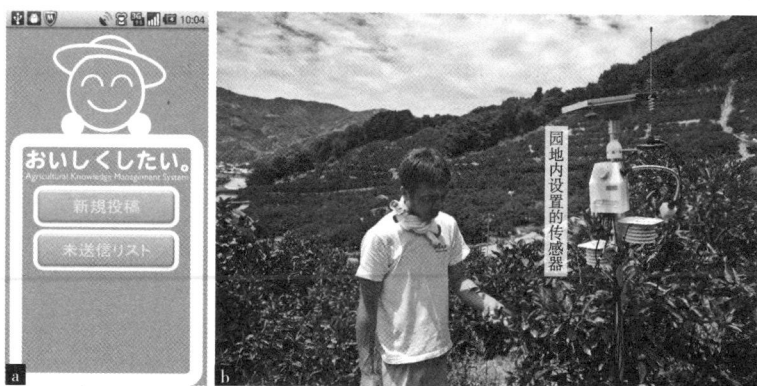

图 5-1　应用 IT 技术进行种植蜜橘的验证性试验
（a）操作人员所使用的智能手机界面，可将生产作业表和果树的状态进行登记录入。（b）园地中设置了收集气温、降水量和土壤温度等数据的传感器。

的 5000 棵树上，每棵都被标注上了识别码（ID），可对树木的发育状况、病虫害的发生状况进行详细的管理。

操作记录可自动计算出作业的成本，掌握所用的农药、材料的量以及作业的时间等参数。根据智能手机的全球定位系统（GPS）功能，可自动录入作业的场所和移动记录。

对收集到的庞大数据进行分析，可看出与生产相关的规律及变化，进而对下次生产活动做出规划，提出生产作业的最佳时机。通过这些举措，早和果树园实现了提高高品质蜜橘生产率的目标。日本和歌山农林水产综合技术中心果树试验场也对此进行了协助，提供了灵活应用数据的方法及以往的数据。

▶ 从验证实验向事业化发展

除了果园，富士通还将 IT 技术应用于蔬菜和水稻生产等农业范围，和日本新福青果（总部位于日本宫崎县都城市）、福原农场（滋贺县彦根市）等企业一起合作。

单以新福青果为例，操作人员使用随身携带的 GPS 终端收集信息，高效地管理占地 100 万平方米且分散于数百处的农田。通过引进农场远程监视系统，成功实现了节省奔波于广阔农田中所需人力物力的目标。

富士通通过上述实证测试来验证效果，实现利用 IT 技术支援农业的事业化目标。富士通不仅想向农户提供传感器和云服务，还想要横向拓展农户的专业知识以提高生产率。

▶ 监视盐害的改良情况

另一项方案涉及如何复兴遭受盐害灾害的农田的问题。2011年 8 月 25 日，MYFARM（总部位于日本京都市）与 NTT、NEC三家公司一致通过了支援东日本大地震中遭受盐害灾害的农田

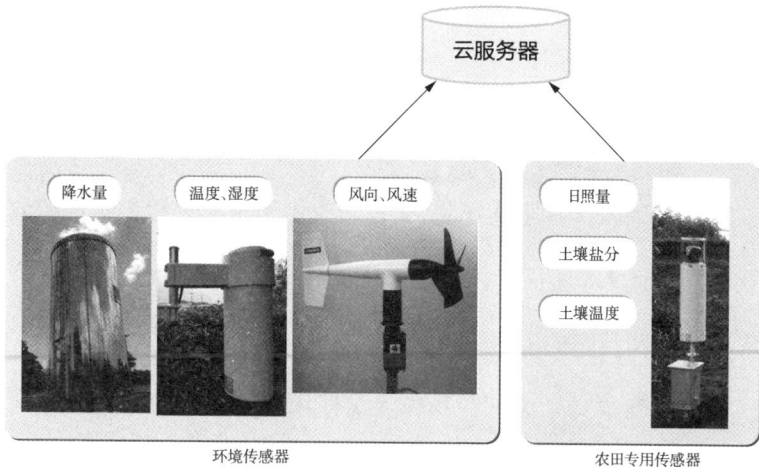

图 5-2　NTT 的环境传感器与 NEC 的农田传感器
　利用基地等处设置的环境传感器掌握农田周围的温度、湿度、降水量和风的状态等状况，并在农田里设置农田专用传感器收集土壤盐分等详细数据。

复兴合作协议。MYFARM 所持有的除盐害技术与 NTT 及 NEC 持有的传感器应用技术相组合，利用盐害土壤改良剂对农田进行再生，并利用环境 / 农田专用传感器测定效果（图 5-2）。

盐害农田再生技术使用了 MYFARM 在地震后新开发出的盐害土壤改良剂。这是一种混合了去除盐分的微生物以及数种土壤改良剂开发出的天然土壤改良剂。将其混合到受盐害的土壤中，可再生农田 [①]。2011 年 9 月，盐害土壤改良剂开始发售。最小订货单位为 300kg（1 反 [②] = 可再生约 1000 平方米的盐害农田），起价为 20 万日元。

在使用这种盐害土壤改良剂的农田里，设置了 NTT 的网络专用环境传感器以及 NEC 的农地专用传感器。

环境传感器网络利用手机网络，从全国约 2500 处接地的传感器收集气候等信息。传感器测量气温、相对湿度、风向风速及降水量等信息。自 2011 年 1 月起，开始向企业、自治团体提供商用测量数据。

另一方面，NEC 的农地专用传感器可测量土壤温度、水分、

---

① 2011 年 6 月，MYFARM 在两处农田所做的试验发现，在混合肥料和土壤改良剂前，土壤盐分浓度分别为 2.6% 及 2.9%，两个月后，盐分浓度变为 0.7% 和 0.8%，减少了约两个百分点。例如，培育西红柿的临界盐分浓度为 0.7%。

② 1 反 = 991.7355537m^2。——编者注

盐分浓度，周边的日照量、温度、湿度，并具有向 NEC 云服务器发送及保存测量数据的功能。

利用这些传感器，测量降水量、土壤盐分浓度等数据，应用 NEC 的 M2M（Machine to Machine）服务基础，测定盐害土壤改良剂的效果。在销售盐害土壤改良剂时，计划无偿向受灾害的农场提供测定的数据，并对其加以运用。

制造业逐渐渗透至农业领域

本节总结了 2014 年以来公开发表或者查明的，制造业涉入农业领域的项目。根据植物工厂和设施园艺、露天栽培等不同农业形态，各个公司投入了各自擅长的技术。

▶ 用工业生产方式提高农作物竞争力，活用制造业的技术和知识

进入 2014 年，在制造业参与到农业相关事业的案例中，出现了与以往截然不同的变化，例如东芝。该公司在 2014 年 5 月，将神奈川县横须贺市的闲置设施完全转用为人工光型的植物工厂，并宣布 2014 年秋天开始生产生菜等蔬菜。

其他的电机制造商也为了实证测试等目的而配备了植物工厂，将"蔬菜生产和销售作为事业"，新业务开发部战略企划负

责组长有贺英雄说道[①]。也就是说，东芝不是支援农业，而是自己从事农业生产。

东芝的决心从他们的生产规模中即可以体现出来。该公司认为"为了确保事业盈利，和半导体业务一样，必须保证一定的规模"，为了设立事业部，他们进行过销量的分析，确定生产能力为 8400 棵 / 天（约 300 万棵 / 年）。

关于植物工厂，从刚刚开始参与就设定如此之大的规模是前所未有的[②]。他们的战略并不是面向追求高附加值的富裕层市场，而是要在有一定价格竞争的大市场中一决胜负。

东芝的攻势不止于此[③]。该公司的目标是扩大规模。他们在 2014 年就考虑在包括中国在内的亚洲地区内建设海外大规模的植物工厂，用于生产蔬菜。

大规模的生产可以确保盈利，能在质量和功能的竞争力上

[①] 东芝也在规划将来销售植物工厂系统和有关设备。

[②] 作为完全人工光型的植物工厂，有宫城县多贺城市和千叶县柏市的生产能力约 1 万棵 / 天的植物工厂。它们均由有植物工厂事业经验的未来公司（总部位于东京）生产（2014 年 6 月开始销售）。SPREAD 公司（总部在京都市）的龟冈工厂现在年生产能力在 730 万棵，自从 2007 年成立以来，生产能力不断扩大。

[③] 据农林水产省的统计，生菜在 2013 年上市约 38 万吨。如果按照植物工厂的生菜一棵 100 g 来计算的话，一年 300 万棵的话也就只有 300 吨。要想具备加工用和商业用的生产能力，所需要的量不是一个数量级的。

一决胜负。这就是东芝追求的，再现当年在全球竞争中凭借闪存胜出的王道模式。

通过大规模化变成工业产品

从东芝的行为可以看出未来农业的工业化发展模式。也就是说，农产品像工业产品一样被制造出来。像这种充分活用制造业专业知识（技术和技能）的农业被称作"工业化农业"。实现工业化农业的优点是，扩大生产规模就可以实现"廉价"。严格管理种植环境便可以"放心"，正确的生产计划可以实现"稳定"（图5-3）。

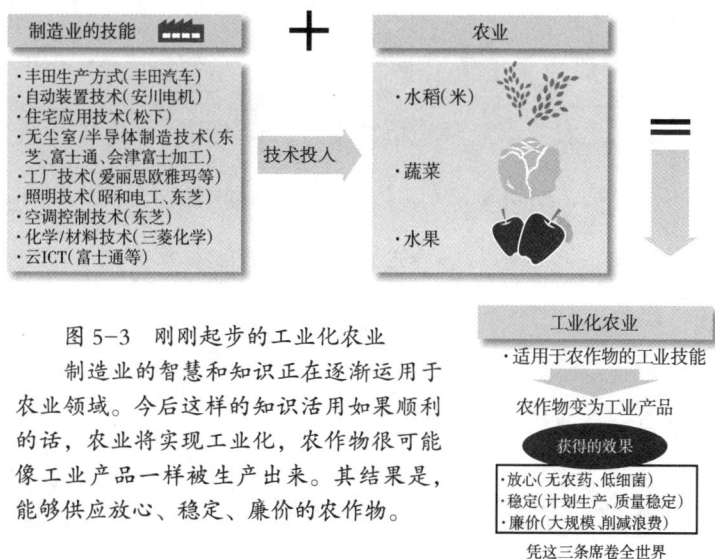

图5-3　刚刚起步的工业化农业

制造业的智慧和知识正在逐渐运用于农业领域。今后这样的知识活用如果顺利的话，农业将实现工业化，农作物很可能像工业产品一样被生产出来。其结果是，能够供应放心、稳定、廉价的农作物。

东芝的工业化农业行为只不过是冰山一角。不仅是松下和日立制作所等机电生产商，以丰田汽车、电装（DENSO 株式会社）为首的汽车相关制造商，昭和电工等电子部件生产厂商，以及 JFE 工程和神户制钢所等也相继参与了农业相关事业。

生产机器人和 FA 机器、被认为与农业的关联很少的安川电机也参与了农业相关事业，这也可以说是一个新的动向。从 2014 年起，他们开始了植物工厂的相关研究。安川电机的目标是利用在工厂研发出来的自动装置技术等，打造节能型植物工厂（详见第 171 页文章）。

这一动态表明各个公司正在开创的是可利用在工厂研发出来的传感、控制、ICT 应用、质量管理等制造业的技术和技能的农业。那才真正是工业化的新农业，也就是"工业化农业"。工业化农业不局限于植物工厂，设施园艺和露天种植也适用（详见第 177 页文章）。这些著名的机电制造厂商、汽车制造商等之所以相继参与到农业中，是因为他们察觉到了巨大的商机。

来自制造业的火热视线

日经 BP 杂志社以制造业技术人员为调查对象实施的问卷调查也显示了他们对农业的巨大期待。在以短信新闻群发服务"日经制造 NEWS"以及"NE 新闻"的读者为调查对象的问卷调查中,关于"农业相关事业对于制造业来说是不是有魅力的市场"一问,有八成以上的人回答"是",能够看到他们对农业的巨大期待(图 5-4)。

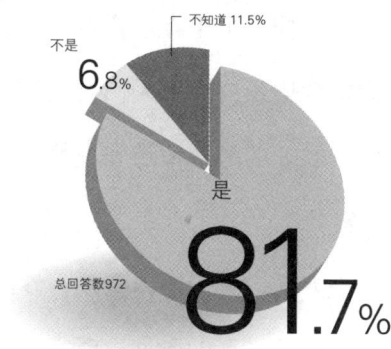

不知道 11.5%

不是 6.8%

是

总回答数972

81.7%

图 5-4　对农业相关事业的魅力调查结果

回答"对于制造业来说农业是有魅力的"人数很多。

为什么对于制造业来说农业是有魅力的呢?有以下几个原因。其一,粮食生产这一农业的重要性正在上升(图 5-5)。这

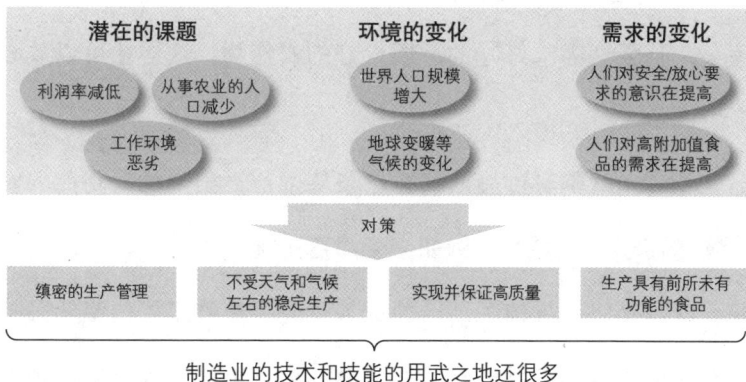

潜在的课题	环境的变化	需求的变化
利润率减低　从事农业的人口减少	世界人口规模增大	人们对安全/放心要求的意识在提高
工作环境恶劣	地球变暖等气候的变化	人们对高附加值食品的需求在提高

对策

缜密的生产管理	不受天气和气候左右的稳定生产	实现并保证高质量	生产具有前所未有功能的食品

制造业的技术和技能的用武之地还很多

图 5-5　对制造业来说,农业是一个有望成长的市场

在实现能够应对潜在课题、环境以及需求变化的措施方面,制造业的技术和知识有很大的利用空间。

是一个支撑人类生存的产业，而且，以发展中国家为中心，随着人口的增长，今后人们对食物的需求也会越来越大。在不适合发展农业的寒冷地域和炎热地域，人们也的确有想吃新鲜蔬菜的需要。

一方面，由于地球变暖，沙漠化和异常气象等频发，威胁到粮食供给平衡的事件也时有发生。即使是只考虑日本，农业人口减少也在预料之中，被粮食自给率左右的日本农业对自身未来有很强的危机感。故而，业界必须认真应对粮食的增产要求，能够稳定且廉价地供给大量农作物的工业化农业变得刻不容缓。

另一方面，是对粮食质量的要求越来越高。出于对食品的安全的担忧，人们想从值得信赖的生产者那里买到新鲜的蔬菜，且强烈需求好吃的、质量好的农作物，这样才可以放心享用。

还有，就是对过去依赖自然条件生产不出来的高功能的农作物的需求也在增加。例如，会津富士加工（总部在福岛县会津若松市）将半导体工厂改装成人工光型植物工厂。鉴于肾脏病人对摄入食物中钙的含量有限制，这里为这类人群生产钙含量较低的生菜。

▶▶ 安川电机 比起机器人，自动装置技术更节能

安川电机的中期经营计划 *Realize 100* 中记载，作为新开创业务的一个环节，2016 年销售的系统产品目标是推进研究开发面向新一代的植物工厂系统。

在客户企业不断进入海外市场而国内市场趋于平缓的潮流中，作为设备制造商，安川开始着眼于农业这个迄今为止没有接触过的新领域。以 TPP（跨太平洋伙伴关系协定）等为契机，粮食的自给率低下而引起的日本国内危机感高发。同时，人们对食品安全的担忧，使得制造业参与农业是有发展空间的。

图 5-6 安川电机利用植物工厂的实验设备种植的长叶生菜

实验种植的蔬菜用在员工食堂。商标"艳菜"也已经注册完毕。目前还没有销售计划。

然而，一般的露天种植对安川电机来说并不是强项。他们想到的是完全人工光型的植物工厂[①]，目标是生产能力在5000~50000棵／天的系统。为了获得种植机能，安川正在与擅长经营植物工厂的农业法人合作，在实验设备中开展种植（图5-6）。

人事费和能源成本是关键

一般的完全人工光型的植物工厂种植成本是比较高的，业内对该事业盈利性的质疑声很高。"通过成本分析，我们了解到一多半都是能耗成本和人事费。这些费用降不下来就没有赢的可能。"该公司理事、市场总部新市场开发部部长福田哲哉说。另外，经手人员过多，感染杂菌的风险也会增大，消费者对植物工厂的优势——"安全·放心"的信赖也会因此降低。要尽最大可能降低人工和能耗成本。为此，安川电机将眼光投向了"自动装置"技术。

"在收获和搬运、装袋等必要环节引进机器人和伺服电机，尽量使用'自动装置'完成自动化。"最自满的机器人

[①] 当初也考虑过集装箱型，但利润率太差。没有5000棵／天的生产规模是不能盈利的。

技术却要最小限度地使用以便节省能耗，这是他们的战略方针。

安川对具体的机构没有进行说明，但似乎会根据栽培区域种植棚架之间移动花盆的过程，使用自动装置节省人工的系统。不需要工人来回巡视，只需要移动花盆并定点监视就可以了。收获时的工作也是操作人员将花盆移过来收割，减少不必要的移动。

另一方面，安川正讨论采用和荧光灯相比初期投资较大的 LED 灯。可以根据种植时期的不同选择适当的波长是 LED 灯最大的优点。

关于机动装置，安川也不仅仅停留在想法上，实际上样品机的验证已经通过。2014 年 8 月，该公司工厂内已经开始建造实证中心。同年 10 月，开始使用自动装置的种植实证实验。

谋求"工业化农业"

生产这种放心、安全、廉价的食物，需要的正是制造业的技术和智慧。

一方面农业生产的机械化在进步，而另一方面，种植环境的透明化、作业和成本分析以及在此基础上探讨的改善和对策等对于制造业而言理所当然的 PDCA（Plan，Do，Check，Act）结构，却没有在农业生产中实行。成本计算还是用"大碗"量的（指衡量不精确），没有工厂基本的思考方法。实际上，传统的农业模式收益不佳，从事农业生产的人员也越来越少。

的确，日本的优质大米和蔬菜在全世界享有美誉，这些都得益于农户长期以来积攒的种植技巧和智慧。但更加广泛地宣传推广这些智慧，追求更高级的生产和质量的空间还是很大的。

制造业的商机就在这里。先进的电子技术、定量分析产品（农作物）的技术、减少不必要的工作和成本并提高质量的严谨的管理技术等，只有充分利用这些制造业最擅长的技术和智慧，工业化农业才能成为提供放心、安定、廉价食物的新农业。

事实上，丰田在支援大米生产法人的同时，还引进了 ICT 操作辅助系统和改善系统，取得了丰硕的成果。基于本次的经验，丰田开始筹划开展农业支援系统事业。松下公司则利用独有技术，开发设施园艺的低成本测控系统，并于 2014 年秋天开始向市场提供产品。"农业领域面临的困难有很多，涉及的农户也有很多，这给制造业参与进来并提供支援留下了很大空间。"（松下公司）

在以订阅短信新闻群发服务"日经制造 NEWS"以及"NE
新闻"的读者为调查对象进行的问卷调查中，关于"农业相关
事业对于制造业的吸引力"一问，回答"加入技术层面杠杆来
发展的余地还很大""可以利用制造技术和知识的空间较大，有
望助力制造业扩大事业"的人很多。可见，人们期待农业市场
会成为制造业活跃的舞台。

然而，农业市场并不是只要参与就能轻易获得利润的"乌托
邦"。养殖植物（生物）对制造业来说是个未知的世界，其不能
像工业产品那样被操控。尤其是露天种植，"很多事情受气候的
左右，地域和农户个人的规则和习惯也不同，与工厂相比，执行
PDCA 很困难"（丰田公司）。培育和种植植物的基础知识还是只
能依赖专家和农业法人。实际上，以东芝为首的很多制造业企业
在参与到农业领域时也和农业顾问公司以及农业法人合作。

提供系统

那么，制造业具体怎样实现工业化农业呢？大致有两种方
法（图 5-7）。一种是利用技术和技能开发出新的机器和系统，
然后制造和销售这种"系统提供"业务。可以说，制造业将以
往从事的产品开发与销售业务扩大到了农业领域。过去的农机
制造商中也有井关农机公司这样面向工业化农业开发新系统的。

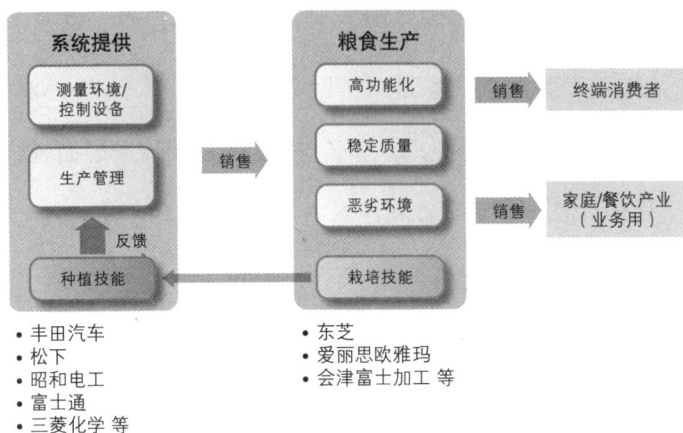

图 5-7 对制造业来说，与农业相关的业务有两种形式
有提供面向农业生产系统的企业、也有培植并销售农作物、参与粮食生产的企业。

另一种是以这些机器和系统为武器，将"粮食生产"打造成新的业务。像开头说到的东芝那样的企业，就是先从粮食生产开始，逐步将业务扩大到系统提供。

前者的系统提供是指能通过分析种植知识和工作内容，增大产品产量并提高产品质量，提高生产效率的 ICT 系统，其云计算服务格外引人注目。代表有富士通的"食物·农业云计算 Akisai"和丰田公司的"丰收计划"等。

日立制作所也向同时运营几个植物工厂的企业提供支持工厂运作的云服务型"支援植物工厂生产的云服务"。其将各个工厂的培育环境可视化，使设备机器远距离操控成为可能。着手植物工厂开发和运营的 Granpa 公司（总部位于横滨）采用了该系统，且该公司运营的太阳能气囊式植物工厂"Granpa 圆顶屋"
已有约 50 栋引进完成。①

▶▶ 植物工厂、设施园艺、露天种植——工业化农业的三大形态

工业化农业有三大形态（表5-1）。首先，可以仔细观察和控制光、水、温度等种植环境的"植物工厂"可以说是工业化农业的典型。叶类蔬菜可以在杂菌害虫少的清洁环境下稳定生产。

"设施园艺"是塑料大棚种植的升级。适合番茄、草莓、菠菜等需要光照的蔬菜瓜果生产②。日照受到太阳的左右，温度和湿度可以由生产者控制。

最接近传统农业的是"露天种植"。这种形态的环境很难控制，工业化农业要做的是通过详细测量环境状况变化、积蓄种植技能、分析农业作业来节省人工成本，扩大收成，

---

① 日立制作所在 2013 年 5 月向 Granpa 公司出资 1 亿日元，结成了合资关系。

② 具有高功能的环境测控功能的设施园艺系统也被称为"利用太阳光型植物工厂"。

提高工作效率。

表 5-1　工业化农业的三大形态

植物工厂(完全人工光型)	设施园艺	露天种植
在完全封闭的条件下,控制温度、湿度、二氧化碳浓度等。一般使用荧光灯或LED等人工光源。运用无尘室等设施,杂菌极其少。主要种植水培叶类蔬菜。	使用塑料大棚等,在某种程度上进行隔离环境种植。将屋顶做成半透明的状态可以充分利用太阳光。气温、湿度等在一定程度上受外界的影响,也可以通过照明或者空调来控制。适合种植番茄、辣椒、哈密瓜等。	利用室外农田来种植。光(日照)、温度等种植条件基本靠天气。通过观察环境和管理作业状态、种植作业自动化等推进工业化农业。根类蔬菜和大米等多采用露天种植的方式。

成为生产者

后者的粮食生产是运用上文提到的机器、系统,使自己成为生产者的商业模式。乍一看,像是脱离制造业的一种挑战,其实不然。很多企业参与其中,是因为能在农业这个成长型市场灵活利用制造业的资产和技术知识。例如,东芝汇集了集团内的技术,将种植蔬菜发展成了庞大的业务。

又如会津富士加工公司那样，向其他公司提供种植知识，让植物工厂的蔬菜生产成为特许经营，从而扩大事业规模，这种模式今后也会逐渐增加。换句话说，这是一种将制造技术提供给其他公司，自己委托外部力量进行生产的思考方式。加入植物工厂培植草莓的日清纺也与会津富士加工一样，正在探讨是否开展特许经营。

如前所述，要想生产传统农业无法生产的高功能蔬菜等农作物，可以控制种植环境的工业化农业必不可少。寒冷地区以及沙漠地区也是因为有了工业化农业才使粮食生产成为可能。工业化农业也能满足需要全年保持一定质量农作物供给的食品加工行业的需求和商业用的农作物需求。从这一意义上来看，工业化农业生产粮食不仅不会妨碍传统农业生产，反而会对传统农业起到辅助和强化作用。

关注海外市场

日本工业化农业不单面向国内市场。今后，从以海外市场为中心的粮食需求的增长、物流成本的降低以及农地减少等几个角度来看，对工业化农业而言，海外市场比国内市场更需要强化。先行一步的企业已经开始着手规划海外市场（表5-2）。例如，三菱化学已经在俄罗斯圣彼得堡和中国香港输出植物

表 5-2　日本国内各制造业公司在海外开展的农业相关业务举例

公司名	国家/地区	概要
三菱化学	俄罗斯·圣彼得堡	占地面积355m^2、使用LED照明的植物工厂系统销售给Mir Upakovki公司。该公司2012年9月开始生产供应给食堂的嫩叶菜和生菜。在平均气温很低的冬季也能收获作物。
	中国·香港	将占地面积为200m^2的植物工厂系统销售给Vegetable Marketing Organization公司，2012年12月下旬开始首次收获嫩叶菜。这些蔬菜销往香港市内的宾馆、商场等。
东芝	中国等亚洲国家	在2014年讨论是否需要建造大规模的植物工厂来生产蔬菜。
松下	新加坡	2014年8月开始，每天向日资餐饮业的当地店铺提供当地的完全人工光型的植物工厂生产的蔬菜。
夏普	UAE·迪拜	在使用LED和等离子簇等技术的完全人工光型的植物工厂的草莓生产实验，从2013年9月开始，预计到2015年3月能结束。
JFE工程	亚洲俄罗斯远东地区（除了中国和韩国）	2014年6月与荷兰的Priva公司合作，在亚洲和俄罗斯远东地区提出了智能服务方案。
富士通	土耳其	与土耳其农业部、畜牧业协会等合作，将智能服务ICT系统以云计算服务的形式提供给农业法人和农户。

工厂。松下在新加坡的子公司在新加坡运营植物工厂，并向日本料理连锁店提供蔬菜。东芝也考虑在亚洲建设大规模的植物工厂。

凭借日本制造业的智慧，工业化农业正在向全世界扩展。

▶▶ 井关农机公司开发出直接测试植物光合能力的仪器

通常，用于植物工厂和设施园艺等场所的精密农业机械，可以精确地测量土壤状态和 CO_2 浓度等培养农作物的环境参数，并准确控制它们保持最佳状态。井关农机公司和爱媛大学共同开发的"植物生长测试仪器"则是在不接触的情况下直接测试植物本身健康状态的仪器（图5-8），是为了实现将测试结果反馈到环境控制的新方法"Speaking Plant Approach"（SPA）的设备。"能够提早发现肉眼无法辨别的病虫害影响和水分不足、气温的影响等"（井关农机·爱媛大学农学院公益讲座副教授坂井义明），可以说是一个能让

图5-8 植物生长测试仪器

加上4根蓝光LED照明灯，中央装有CCD相机。通常高度在2.5m左右，但考虑到西红柿的长期多段采摘种植方式，CCD相机部分的高度可延伸到2.9m。

植物的生长状态直接"可视化"的仪器。

通过再发光探知植物状态

井关农机从 20 世纪 80 年代后期开始进口荷兰的大型设施园艺系统（利用太阳光型的植物工厂系统）并开始在日本国内拓展。在拓展该项业务的过程中，井关农机注意到了能提高该系统附加值的种植支持系统——能直接测量植物状态的 SPA，并就此与爱媛大学签订了合作协议，开始开发植物生长测试仪器。

该仪器利用了一种叫作"叶绿素荧光"的现象。植物的叶子在吸收光的能量进行光合作用时，未被利用的部分光会作为热量释放，也就是说叶子会将波长约为 683 nm（纳米）的红光释放出去，这种红光的再发光就是叶绿素荧光。

叶绿素荧光的强度和释放时的时间变化曲线（诱导曲线），是那一时间植物的光合成功能（光合成的活性度）状态的反映。比如说：当光合成功能下降时，叶绿素荧光的强度就会上升，水分不足时诱导曲线的变化就会变小。

在不受光的夜晚，植物生长测试仪器会将 450 nm~

500 nm 左右的蓝光照射在植物上，通过测量再发光的叶绿素荧光的强度和发光模式对光合成功能做定量分析[①]。此外，该测试仪器还有使用马达自动移动、测试的功能，能根据设定时间在种植棚上方安装的轨道上移动，从一头到另一头一边移动一边对任意测试点进行 LED 照明和测试[②]。工作人员只需在早上回收数据就可以知道植物的状态。

目前来看，井关农机推荐的引进目标是番茄的长期多段采摘的设施园艺设备[③]。早期采取措施不仅可以保证稳定生产和提高产量，还能节省巡视大规模设施所需要的人力。事实上，试验性引入福岛县的农园后，该设备得到好评，节省了巡视的人手，工作人员可以集中精力进行环境控制的判断。植物生长测试设备于 2015 年 1 月开始销售，售价为 250 万日元（不含税）。

---

① 使用蓝色 LED 作为照射光源。为了消除反射光，用长通滤波器将 650nm 以下的光去除之后，CCD 相机即可只拍摄到叶绿素荧光。

② 标准测试设定是 3m~4m 间隔。移动速度为 10m/min。

③ 长期多段采摘：一种种植方法，在有一定高度的温室分层让植物结果，根据成长情况一年四季都有收获。

▶ 系统提供：丰田汽车

运用 TPS 改善依赖经验的作业

经由 PDCA 消除浪费

丰田汽车开发了支援农业的系统"丰收计划"，将汽车生产活动中积累的生产管理和流程改善经验用于稻田作业管理，改善利润率。

丰收计划是面向大米大规模生产法人所进行的农作物生产高效管理的云服务①。该计划可确保实现事先拟订的生产计划，管理分散的各水稻田的工作日程，通过平板电脑和智能手机终端向农业作业人员发出"哪一天应

图 5-9　作业人员的终端画面

运用智能手机、平板终端设备登录系统，确认当天的工作内容。利用 GPS 功能在地图上确认自己的位置和负责的水稻田，如此可有效防止弄错负责的水稻田等失误。只要单击系统上的按钮，就能确认作业的开始或结束。

———————

① 丰收计划是在美国 Salesforce.com 公司的云运用开发基础上构建而成的。

该进行什么作业"的指示（图5-9）。

在以往都是凭直觉和经验进行粗略管理的农活中引进"PDCA（Plan，Do，Check，Act），这些对制造业来说是再熟悉不过的事情"，丰田汽车新事业企划部企划总结小组主任喜多田贤二说。于是，丰田导入了在工厂里总结出来的工作指示、工程管理等丰田生产方式（TPS）。

现场的工作人员将开始/结束工作的情况、水稻田的状况等录入平板或智能手机终端后，管理员将实时地、一元性地掌握作业进展和水稻田的状况。自2014年4月开始，爱知县和石川县共有9家农业法人公司进行了实证测试[①]。

定量分析成本结构

丰田开发丰收计划缘于帮助以水稻作业为核心业务的农业法人锅八农产（总部位于爱知县弥富市）改善大米生产程序。早在20世纪90年代，丰田公司就介入了生物事业和环境绿化事业。支援锅八农产也算是这些事业的一个环节。

锅八农产管理的水稻田面积超过了120 ha（公顷）。这相当于一个个体水稻农家平均规模的100倍，却根本没有实施高

---

① 作为农林水产省"确立先进示范农业事业"的一环，丰田自2014年4月起，用3年时间使用丰收计划，摸索活用ICT工具的效果。

效率的工作管理。"很多农家或者农业法人都是用'大碗儿衡量（大概估算）'的方法进行管理，成本的内部构成并不明确"（喜多田贤二），对工作计划及其实施状况也没有进行严格管理。

锅八农产想要把握大米的生产成本并提高工作效率，于是委托丰田公司运用丰田生产模式（TPS）进行改善。接到委托后，丰田在农业作业的可视化上下了功夫，通过拍摄农耕作业内容等手段，对工作内容和成本结构进行了分析。

其结果是，单位质量的生产成本得以明确，其中1/4以上都是劳务费。农业作业在哪些地方有浪费现象也弄清楚了。喜多田贤二表示"农家来道谢说学到了很多东西"，这是对他们的认可。

但是，只做到这些还不能改善收益。为了连续推动改善活动，需要制订计划并贯彻执行，检查作业迟缓的情况并相应地修正农耕计划，这些都需要一个管理系统。鉴于此，丰田开发了丰收计划。

丰收计划由管理水稻田的位置、面积、品种、受托条件等的"农场数据库"以及管理农耕作业的顺序、工时、耕作业绩、肥料、干燥条件、天气等信息的"作业数据库"构成，丰田在这两个数据库信息的基础上建立计划方案并管理耕作进度（图

5–10、5–11）①。

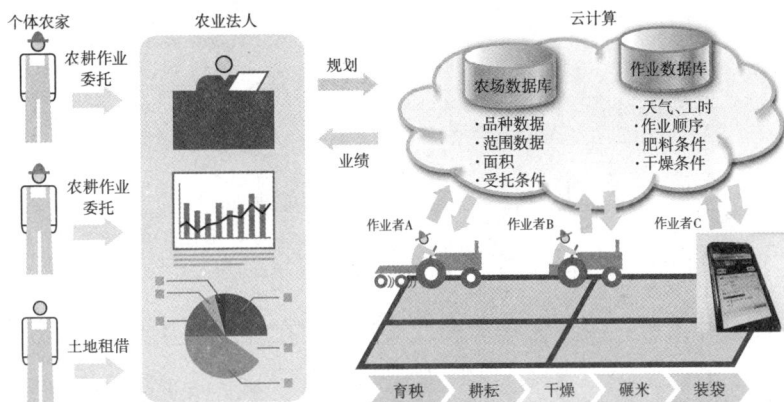

图 5–10　丰收计划的系统概要

农业法人使用丰收计划对受托于个体农家的土地统一进行管理。分散的各家水稻田耕作的内容及进展也可以进行统一管理。

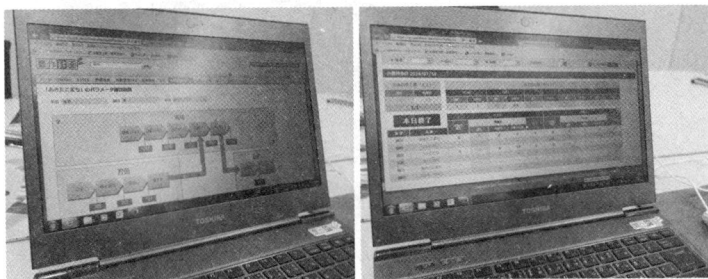

图 5–11　丰收计划的管理界面

管理员根据主数据来策划各个水稻田的耕作日程安排，分配指定日期的农耕作业并管理其进展。

---

① 不仅是种稻，还可以应对水稻田的翻耕。出借土地的土地主提出转种其他农作物的要求的情况也时有发生。

具体来说，系统能够自动地策划每一块水稻田生产的日程安排并发出工作指令——今天种哪一块田，做什么农活。

将秧苗准备 JIT 化

实际上，引入丰收计划的锅八农产成功削减了 25% 的材料费和 5% 的劳务费。其中，育苗阶段的效果最为显著（图 5-12）。过去种田时，由于无法掌握什么时候、在哪儿、需要大约多少秧苗，农户会在种田所需之外准备大量多余的秧苗备用，然而大量多余准备的秧苗最后都被扔掉了。

图 5-12　育苗棚
引入丰收计划的同时，按需培育插秧用的秧苗，由此节省了资材和工时等过去由于过量的生产造成的浪费。

引进丰收计划之后，计划明确了，什么时候、在哪儿、大约需要多少、什么品种的秧苗十分清楚。因此，过去一个季节生产 4 万棵的秧苗，现如今减少了 25%，减到了 3 万棵。秧苗生产的人工和所需材料都得到了削减。

与此同时，一次生产出的秧苗量也减少了。不再像过去那样花大量时间生产，而是以每小时生产约 1000 棵为单位进行管理。将生产批量变小，仅在需要时生产所需量，然后流向后续工序，此方法就是 TPS 的核心理论，即 Just In Time（JIT）。也就是说，制造业中的需求供给适量管理的想法在这里发挥了很大作用。

事实上，许多在制造业被认为是理所当然的方法，在农业的现场还没有得到尝试。丰收计划通过制订农耕计划实现了农耕作业工序的可视化，并在此基础上进行分析，对农业作业进行改善修正。

锅八农产的工作指令更明确，农耕作业可视化后，工作人员增强了改善意识，减少了工作失误，赢得了生产委托者的信任。

由工厂资深员工指导改善工作

在锅八农产试运行的基础上，自 2015 年开始，丰收计划便作为一般商品进入了市场①。引入丰收计划的同时，丰田公司还准备提供改善指导。实际上，前面说到的爱媛县和石川县的实证测试，就是该公司工厂从事工厂改善活动的5名工作人员到农耕现场进行的支援改善工作。

这些人员将农业作业划分成工序，使作业可视化并找出其中存在的问题，在讲解对策的同时实施改善活动。同时，丰田还引进了PDCA作为丰收计划的辅助工具。

设想将来如果能共享几个法人的数据分析结果，那么通过分析成果（味道和产量、等级）以及农场的信息、农耕业绩等数据，就能发现怎样才能进一步提高农作物的质量，在提高生产率的同时降低成本。

▶▶ 一元化管理分散的水稻田，消除手工操作的失误和指令遗漏

随着个体农家的老龄化和继承者的不足，向农业法人委托进行农耕作业或托管土地的农家越来越多。这种接受个

① 一年许可证面向工作人员的价格是6万日元/人，面向管理人员的价格是12万日元/人。由丰田维修服务公司（总部位于名古屋）销售。

体农家的农耕委托或者借用耕地来生产大米的生产法人有很多，锅八农产就是其中一员。锅八农产和约 800 户农家签有合同，在约 2000 块水稻田中种植大米。

这种委托生产和土地出借的情况使水稻田分散在各处。大米的生产法人不得不逐个分配各个水稻田每天的农耕作业内容以及负责人员，做出工作指令，管理作业进度。锅八农产采用的方法是在白纸上手工绘制地图，并在上面标注管理。仅为讨论工作内容就要花费很多时间，且常常发生失误和指令遗漏。现场的工作人员也有搞错需要耕种的水稻田的时候。实际上的工作开始/结束状况在傍晚工作人员回来汇报之前是无法得知的。另一方面，对于工作人员来说，每天工作后都必须写日报也是一个很大的负担。引进丰收计划之后，这些问题一下子全解决了。

▶ **系统提供：松下**

利用自然的力量控制种植环境

抑制初期投资，支援日本农户

2014 年 4 月，松下环境系统公司发布了进军"阿古力·工程事业"的消息。该公司的新业务是提供提高农业生产效率和减轻农耕作业负荷的系统。

日本的农户拥有优势技术，但存在农业工作者老龄化以及被弃耕地扩大等不利因素。"我们想利用我们积累的技术支援并强化日本农业。"松下事业开发中心新事业企划部阿古力重组事业化项目参事谷泽孝欣说。于是，松下进军了农业事业。

具体的产品是，利用阳光和风等自然力的节能型室内环境控制系统，即设施园艺系统"被动房型农业厂房（图5-13）"。从2014年秋天开始面向希望抑制初期投资、提高竞争力的个体农家和中小规模的农业法人，出售菠菜的设施园艺种植技术（温室种植）①。

图5-13　在松下厂区内设置的"被动房型农业厂房"的种植大棚这里正在一边种植菠菜一边进行控制系统的试验。

---

① 也包含提供住宅的施工。松下ES集合住宅工程（总部位于东京）负责考察建筑用地以及施工。

因为不受天气和季节的影响，一整年都可以种植，因此可以确保供给稳定。即使是在蔬菜因为高温而不能正常生长的夏天，也可利用设施园艺系统种植菠菜，并且可以从一年四至六茬增加到一年八茬。由于可以控制室内的温度和日照，所以无需进行巡视和检查。

舒适的居住技术也可应用于农业生产

环境系统公司拥有住宅、大厦、商业设施等所需的电气设施资材、设备、建材以及能源系统。为了进军农业，松下设想"如果能够利用本公司持有的，令人们可以舒适居住的技术和技能，就能够打造让农作物舒适生长的农业设施"（谷泽孝欣）。

然而，既需要大规模的初期投资，也需要维护费用的完全人工光源型植物工厂，以及需要全套空调设施的大型设施园艺系统成了实现这一目标不可逾越的界限。该公司提出的方案是使用市场上销售的农用器材配置成积极使用日光和自然能源来优化室内环境的"被动环境控制系统"。这样一来，就可以实现既能控制成本又能增加收成的被动式大棚农业了。

利用光、风和水调整环境

被动环境控制系统既不使用空调机也不使用暖气设备。其根据从大棚内的温湿度传感器、大棚外的温湿度传感器，以及光照度计所记录的数据来调整天花板及左右侧壁用于遮光的窗帘、7 台调整气流的鼓风机、开关窗、喷雾装置、洒水装置等（图 5-14）。也就是说，调整光、风和水，便能够调整大棚内的生长环境。

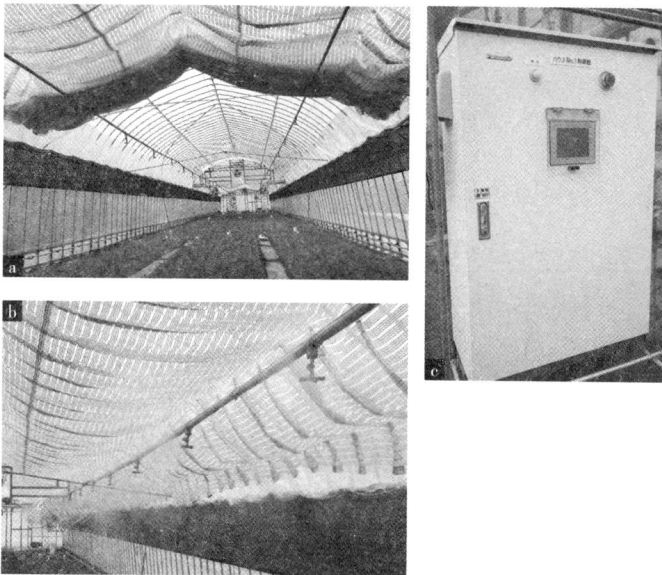

图 5-14　被动环境控制系统的一部分
　　测量大棚内部的温湿度和外部的温湿度、光照度，据此来驱动天花板和两侧的遮光窗帘布、鼓风机、喷雾设备等（a、b）。大棚外部设置有收集数据和发出控制指令的综合控制盘（c）。遮光窗帘和鼓风机使用的都是市场上销售的农用产品。

　　每隔几分钟测量一次数据，精准控制设备。原则上，吸收阳光后如果温度上升，就通过喷雾或者洒水进行冷却。在此过程中湿度会上升，可用鼓风机进行冷却（干燥）。重复这样的循环控制。

"局部聚焦"这一想法也是该控制系统的特征。不调整大棚内整体的平均温湿度，而只调整农作物生存地点周围的生长条件，在所需范围内用最少的能源来控制环境[1]。

开发之初，为了让菠菜在任何一种可控的环境范围内都能正常生长，松下在调节适当环境条件的同时，将日照、洒水、气流等的影响通过 CAE 进行了评估。"采用试验和 CAE 结合的工学方法，积累了调控的技术。"（谷泽孝欣）

其实，谷泽孝欣曾经负责过按摩椅的开发。其根据压力传感器的数据控制背部的按摩珠和挤压腿肚部位的空气压缩筒的原理，开发了驱动、控制遮光窗帘和注水泵等的设施。

初次夏季种植大获成功

被动房型的农业厂房的标准配置是在 10 栋宽 5.4 m、长 50 m 的大棚内安置溶液罐等一套公用设施组件（图 5-15）[2]。作为实证

---

[1] 因此，大棚内的温湿度计设置在中心位置接近地面的地方。

[2] 为保证菠菜一整年都能稳定收获一定的产量，需要有这样的规模。对于没有销路的生产者，蔬果流通法人 KI Fresh Access（总部位于东京）还提供物流、销售的业务计划。

测试，这个厂房被用在一户农家并开始种植菠菜，该农户表示
"虽然是第一次使用，但夏季种植效果特别好，令我非常惊讶"。
谷泽孝欣也表示，在叶类蔬菜中，菠菜的种植最难，如果菠菜
能种植成功，对被动环境控制就更有信心了[①]。

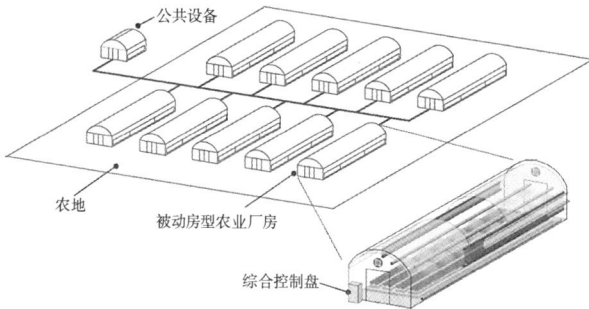

图 5-15　引进示意图

　　提供 10 栋宽 5.4 m、长 50 m 的大棚和成套的一套公用设施组件。在提供设施的同时，负责从考察洒水用的井水到大棚施工等的一切工作。

▶ 系统提供：昭和电工

以光为武器开展植物工厂事业

偶然产生的照射技术是其优势

　　培育植物不可缺少的要素之一是"光"。昭和电工以此
为武器，开展了植物工厂事业。该公司植物工厂的特征是，该

_____

　　① 地区不同，外部温度也不一样，控制条件也不同，目前先面向关东地区出售。现在只种植菠菜，今后还会探讨种植其他蔬菜。

公司自主开发的 LED 能高效率地发出最适合光合作用的红光，以及高速种植植物的技术"SHIGYO 法"。"硬件 LED 和软件 SHIGYO 法的组合是本公司的卖点。"该公司事业开发中心绿色创新项目营业部门经理荒博则说。

在红光和蓝光交替照射的同时，配合植物的生长过程改变照射模式可以加快植物生长，这个独一无二的方法叫作 SHIGYO 法，是该公司和山口大学农学部教授执行正义共同开发的。他们未公开具体的照射条件和技术，但该方法与通常的荧光灯以及红蓝比固定的 LED 照明照射相比，在同样的培育期间内叶菜类的收获量可增加约 2 倍，实现了缩短发货周期和单位面积增产的目的，对于以降低生产成本为课题的植物工厂来说，有望缩短投资回收期。

现在在福岛县川内村修建的植物工厂"川内高原农作物种植工厂"就引用了 SHIGYO 法（图 5-16）[①]。此外，2014 年 6 月，远藤商事在山形县天童市建成的大规模植物工厂也应用了该方法。至此，昭和电工事业化进展开始加速。

---

① 川内村在福岛第一核电站 30 公里范围内，被指定为警戒区域及紧急避难准备区域。为了振兴农业和确保就业修建了植物工厂，该村与松野公司（总部位于东京）为共同出资运营的农业法人。昭和电工为对其实施复兴援助而无偿提供 SHIGYO 法。

图 5-16 导入了 SHIGYO 法的福岛县川内村的植物工厂

（a）是种植架,（b）是在工厂内装袋的情景。工人正在生产绿叶生菜和香草，最多可日产 8600 棵绿叶蔬菜。

从失败中孕育出来的独家技术

其实，SHIGYO 法是一个非常偶然的产物。昭和电工的植物工厂事业在 2008 年秋天的雷曼事件之后，开始探索新的商机。最开始瞄准的是促成植物光合作用的，波长 660nm 的发光 LED 芯片事业。2009 年 4 月，昭和电工发布了具有过去产品 3 倍的外量子效率[①] 高辉度红色 LED。他们尝试将其推销给与植物工厂合作的照明厂商。

在这个过程中，由于需要通过实证测试来评价该产品对公

---

① 外量子效率（External Quantum Efficiency, EQE）是光电探测器的主要性能指标之一。其数值为收集到的电子数与入射光子数之比。

司的植物培育有什么影响，他们将测试用的照明产品提供给各
个大学，来做委托测试。

其中一个测试地点是山口大学执行教授的研究室。该研究
室评价说，他们作为信号器使用的波长为 640 nm 的红色 LED 与
该公司的 660 nm 的高辉度 LED 的影响有所不同，并进行了种植
测试。结果和预测相反，波长 640nm 培育出来的作物要大 2 倍。
调查结果显示，640 nm 的照射条件有设置错误。

照明的照射模式似乎对植物成长有着重大的影响。这个失
败给了昭和电工以及执行者提示，他们对各种红色 LED 和蓝色
LED 的照射周期及强度进行了测试，最终找出了最适合植物成
长的照射模式。由于测试错误而孕育出了 SHIGYO 法。

从芯片提供到植物工厂业务

以开发 SHIGYO 法为契机，昭和电工开始从 660 nm 的高辉
度芯片制造和销售这样的单项业务，转向提供使用这些产品的
植物工厂系统，经营方向发生巨变。

硬件的核心是配备了由蓝光 LED 和本公司自制 LED 照明

设备（把波长 660nm 的红光 LED 以世界最高效率进行发光）组成的自主照明种植大棚"SHIGYO 单元"（图 5-17）。由依照 SHIGYO 法提供控制红色／蓝色的照明强度的设备以及反光板、溶液循环设备等组成。此外还提供包含工厂内壁粘贴的隔热板、空调设备、空气喷头等工厂整体的设计方案和种植的培训，以及导入之后的技术等支持。

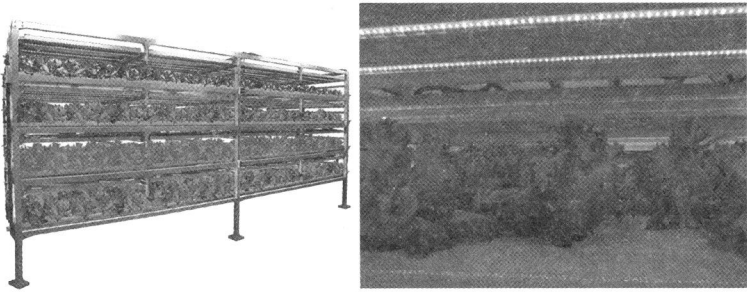

图 5-17 SHIGYO 单元
照明用蓝光 LED 和本公司自制的红光 LED 的组合，按照 SHIGYO 法控制红色和蓝色照明的强度（a）。两种颜色的强度比不同，照明的颜色看上去也不同。大棚天顶上安装的照明设备将红色和蓝色 LED 模块混在其中排列（b）。

如前所述，如果适用 SHIGYO 法，与使用荧光灯的情况相比，作物要么生长得更大，要么同样大小的东西所需要的生长周期更短。例如，有一种生菜"红色火焰"，它的情况是，从在荧光灯照射下播种之日起到收获共需要 42 天，而 SHIGYO 法只需要 32 天。

也能调整味道和口感

昭和电工植物工厂事业才刚刚开始正式展开，正如文章开头介绍的那样，远藤商事在山形县天童市开展大规模植物工厂的方案已被采用。该工厂的种植面积大约有 2000m²，每天生产叶类蔬菜 4000 棵。

昭和电工的荒博则表示，今后"想打造能够通过光来控制农作物味道和质量的工厂"。实际上，控制光照使得蔬菜的叶子变甜或加重苦味都是有可能的。口感在某种程度上也是可以调整的。植物工厂不仅能稳定供给、保障食品安全，还能提供满足一般消费者需求的味道和口感的蔬菜，更能拉开与竞争者之间的差距。

▶ **系统提供·粮食生产：富士通**
  从现场实践出发开发功能
  新设革新的据点

富士通涉足的农业相关事业非常广泛。面向农业的云计算服务"食物·农业云计算秋彩（Akisai）"涵盖了露天栽培、设施园艺、植物工厂，甚至畜牧业。种植的农作物也包括蔬菜、大米、水果等，种类繁多 ①。该公司不仅提供系统，2014 年 5 月还在福岛县会津若松市的植物工厂"会津若松秋彩蔬菜工厂"开始了蔬菜生产和销售业务。

制作最合适的种植手册

富士通还积极参与秋彩相关的新挑战。例如：2014 年 8 月 4 日，与生产日本酒"獭祭"的厂商旭酒造（总部位于山口县岩国市）开始了保障稳定供应最适合造酒的日本酒原料米——"山田锦"的合作 ②。

首先，富士通将秋彩引入了在山田县生产山田锦的 2 户农家（图 5-18）。并且，搭建好了将每天的农耕作业业绩和使用的农药 / 肥料、水稻的生长情况、种植业绩（收割的数量和质量）等相关信息通过平板电脑终端进行录入的管理架构。此外，还在田间设置了备有多功能传感系统的设备，每隔一个小时便自动收录气温和湿度、土壤温度、水分、EC（电导率）等数据，

---

① 其他各个机电制造商提供的面向农业的云服务是以设施园艺或者植物工厂为对象的。作为露天种植，丰田汽车提供的"丰收计划"原则上是以种植水稻为对象的。

② 随着獭祭销售量的增加，山田锦的生产量已经不足。现状是针对旭酒造的需求量（8 万草袋），能采购的量只有一半（4 万草袋）。原因是山田锦种植起来比较困难，也不易增加生产者。

并一天一次由定点相机来回拍摄作物成长情况和环境信息。

图 5-18　引进"秋彩（Aleisai）"的山田锦种植农场
　右侧是测量和收集气温、湿度、土壤水分等环境信息的多功能传感
网络。

富士通的计划，是通过分析这些积累的信息弄清种植成果最好的种植条件，汇编成栽培记录（栽培指南）。其未来的计划，是吸收更多参与这个活动的农家，提高栽培记录的质量，同时，通过向新参与的农家提供栽培记录来共享栽培记录的成果。

通过这样的导入，富士通还将扩充秋彩的功能。其与前面提到的制作栽培记录的功能、显示所记录的成长状况的统计和比较功能、根据田间传感器和气温预报的信息算出收获的最佳时期（到达累计气温的日期）的功能等均于 2014 年第三季度开始销售。

根据现场需求开发功能

富士通的强项之一，是拥有很多从现场实践中积累的丰富经验。功能的开发基于现场工作人员和经营者实际操作尝试后对其功能评价进行的反馈，开发人员会应对现场的需求对功能加以改善。所以，使用秋彩的农业法人可以看到各种各样的效果（表5-3）。

表5-3 秋彩（Akisai）的应用案例

生产者	导入	效果
新福蔬果	通过预测收割时间和制定生产规划，确定耕种的适当时期	卷心菜的收获量、销售额与上一年度相比，增加了30%
福原农场	通过分析插秧工作的工序改善作业流程	总的工作时间减少了30%
早和果树园	收集每一棵树木的信息并合理安排工作日程	高含糖量的品牌橘子比率从24%扩大到53%（目标是75%）
卫藤产业	应用云计算统计成本、管理照片	加强价格交涉的力度，销售额大约上涨了1.3倍；肥料费用减少了大约30%
铃生	应用云计算管理作业记录	可以通过照片确认150块田地的状况；书写产地报告书的时间从几十分钟缩短到仅需几次点击

这些效果包括增加产量、缩短工作时间等，尽管呈现效果的方式不同，但都应对了现场需求。

其实，这样的导入，在秋彩产业化开始之前就实施了。自2008年10月以来，富士通在全国10家农业法人公司中开展了实证测试。富士通将自己的员工派遣到当地的农业法人公司，与其一起边工作边体验现场。

例如，该公司最早开始实施的实证测试是在宫崎县都城市的一个叫作新福蔬果的农业法人公司[1]，耕种面积大约有100公顷。稻田分散在273处，他们想要摸索出能实现提高耕作效率且能保证稳定收成的方法。

秋彩产业化之后也一如既往地像与前文介绍的旭酒造合作一样，以现场为基础不断地开发新功能。并且，在其公司内部也设立了实证测试的场所。

具体来说，该公司在静冈县沼津工厂的基地内，于2013年5月利用秋彩开设了包括露天种植以及设施园艺在内的"秋彩农场"[2]。秋彩农场兼备展厅式的参观作用，富士通利用从实践中得到的数据和验证结果，开发了云服务等功能。

只使用需要的功能

富士通开始进军与农业相关的业务，是为了探索能够利用该公司所持有的装置技术和ICT的新市场。该公司设想将来会有更多的传感器连接到互联网上，在列举健康、防灾、车辆等领域的同时，农业也被作为候补提了出来。这就是现在被称作

---

[1] 继新福蔬果之后，富士通又于2009年4月在生产大米、麦子、大豆、蔬菜的福原农场（滋贺县彦根市），2011年3月在生产橘子的早和果树园（和歌县有田市）等扩大了实验基地。

[2] 规模：露天栽培面积约1000m^2，设施园艺2栋，面积大约为350m^2。

物联网（IOT）的思维。

在推进实证测试的过程中，"我们不是用物联网那样的技术来谈论世界，而是强烈地感觉到最重要的东西蕴藏在农业中。"富士通创新商务总部社会革新统括部高级主管若林毅说。这个"最重要的东西"指的不是使用高尖端的技术，而是知道能够收集到什么样的信息，并且如何使用这些信息才更有效。

例如，在实证测试中，积极导入收集环境信息的传感器和携带式终端，便可以确认它的效果。然而，比起收集信息的自动化和效率化，如何更加有效地运用收集到的信息更加重要。也就是说，设定好播种和收割的计划，记录好实际的工作情况，将这些进行比较确认，再制订下一次改善计划，让 PDCA（Plan、Do、Check、Act）正常循环起来。秋彩的主菜单上设置了"计划""记录""确认"几个按钮，是为了实现 PDCA 循环而设计的简单易懂的操作画面结构。

尽管如此，录入数据的工作也要尽量避免给用户造成负担。为此，富士通计划在秋彩的服务菜单里引入富士通最擅长的传感器自动收集环境信息的功能，如果有用户需要也可以提供。但这不是必须的，富士通已经搭建了以依据云服务的生产管理为核心的秋彩服务体系。

也就是说，将自动收集环境信息的传感器作为选项，以应对希望降低引进成本的客户。

监视环境用的多功能传感器网络每一个售价都高达 50 万日元左右，所以"如果没有补助金，大量引进比较困难"（若林毅）。

与之相比，如果只是使用云服务的话，那么 10 名工作人员工作的情况下，一个月只要几万日元。当然，感觉还是太贵的客户也是有的。于是，该公司自 2014 年 1 月开始，提供了一个名为"农业生产管理 SaaS 生产管理系统便捷版"的简易版。每个月仅需 1500 日元就能使用，方便拥有更小规模农田的农户使用。

应用半导体无尘室

作为复兴厅和经济产业省实施的提案公募型事业，2013 年 7 月，会津若松秋彩蔬菜工厂开始启动[①]。该事业于 2014 年 3 月结束，同年 5 月开始销售在同一工厂种植的"清洁蔬菜"系列中的低钾生菜。

该工厂本来是生产半导体的（图 5-19）。富士通挪用了无尘室，开始在杂菌极少的环境中种植蔬菜（图 5-20）。但是，

---

① 具体地说，复兴厅和经济产业省在"平成二十五年先进农业工业化系统实证事业"项目中采纳的是"依靠先进的低钾化技术测试大规模智能植物工厂业务"。由富士通集团、会津富士加工、福岛县立医科大学等组建的财团进行协调合作。低钾生菜的生产技术由会津富士加工提供。

生产半导体时使用标准是 1 级（每立方英尺中 0.5 μm 的异物少于 1 个），而作为植物工厂来使用时清洁度不需要这么高，于是通过间隔运行空调，富士通将数值降为 1000 级左右。

图 5-19　富士通的"会津若松秋彩蔬菜工厂"
　　曾经试生产过半导体的建筑物，如今生产蔬菜。

图 5-20　植物工厂的内部
　　应用生产半导体的无尘室，使生产杂菌少、可长期保存的蔬菜成为可能。

　　除无尘室设备（硬件）以外，还应用到了半导体生产的技能。假设取代半导体晶片在工厂中运行的是生菜苗，可以发现其"与半导体的生产技能相同的地方很多"，富士通住宅＆办公室服务先进农业事业部生产部部长宫部治泰说。如果在栽培过程中实施优化条件管理，农作物的生长也会有同样的结果。

　　目前，植物工厂的生产能力是 3500 棵 / 天。"我们每天都在反复试验种植条件。"（宫部治泰）如果能够确定种植条件，使其标准化、自动化，那么削减种植成本会有很大的空间。

　　2014 年 8 月 18 日，富士通发表了强化作为农业创新据点的会津若松秋彩蔬菜工厂的方针。通过产学合作开发功能性蔬菜，导入先进的 ICT 解决方案，协助培养下一代担负农业的人才。

随后，富士通考虑在植物工厂里种植各种品种的低钾蔬菜，2016 年度的销售额约为 4 亿日元。

▶ 系统提供·粮食生产：三菱化学
　没有农业经验也能稳定生产
　提供从硬件到技术、维护的一站式服务

"没有农业经验也可以做。"对于植物工厂，三菱化学提供从引进前的业务盈利前景探讨、操作指导，到引进之后的检查、保养、维护等一站式服务，门外汉也可以实现蔬菜的稳定生产。该公司经营的是利用人工光的完全封闭型植物工厂"Plant Plant"

图 5-21　Plant Plant 的种植架

（a）铝制框架的种植架。（b）标准配置是荧光灯，也可选择 LED 照明。肥料管理机监控营养液的浓度和 PH 值，自动进行最优值调整。

（图 5-21）。

三菱化学表示，作为化学制造厂，其兼顾进行肥料开发和人工光合作用研究、遗传基因研究等，具备稳定种植农作物的技能，也有种植架、培养基、花盆及有效利用照明的反射板等植物工厂需要的材料技术。LED 照明材料也是其强项。

"作为使用本公司技术的新业务窗口，植物工厂最合适。植物工厂这个平台综合了稳定供应农作物的技术。"三菱化学执行董事功能化学本部长和贺昌之说。

三菱化学将以运用空置土地和闲置设备为目标的企业作为主要目标客户，在日本国内，之前与农业无缘的企业也相继进入该方案。在俄罗斯、迪拜、中国香港等地区已经取得了销售业绩。

"2014 年询价数量剧增。来自地方企业和自治体的有意使用空置土地和闲置设施的咨询很多。"和贺昌之说[①]。

2014 年秋天，罗森秋田农场（总部位于秋田县羽后町）引进了迄今为止最大规模的 20 万架、200 坪的 Plant Plant 系统。其于 2014 年 11 月开始以 92 kg / 日（1 包 30 克、3000 包 / 日以上）的速度生产面向便利店销售的混合嫩叶菜。

---

① 另一方面，农业法人询价比较低调。出现这样的情况也被认为是因为农田建设比较困难。

从检查到种植架的清扫

如上所述，三菱化学提供从出售系统到保养维护的一站式服务。"如果引进我们产品的客户农业事业站不稳脚，我们也会很苦恼。"（和贺昌之）事前三菱化学会和预定引进系统的企业一道探讨地理条件、销路、设备成本、维护费用等是否合算，然后再推荐系统。

在生物和肥料的研究开发中积累下来的关于植物的知识，被汇总到控制系统和使用手册里。例如，照明灯的照射方式等。三菱化学除了将增加产量的技术知识编写进使用手册之外，在管理 pH 值和肥料的灌水系统中，还将在什么时间放入肥料或者减少肥料等知识作为黑匣子写进了使用手册。

此外，三菱化学还加强了售后服务的力度。现在，Plant Plant 的交货产品有三种形式的包装，最小的"简易包装"包括硬件及其运行状况、工作产品状况的点检服务，最高级的"监督包装"则能提供每天维护检查构件、监督生长状态、改善环境、清扫种植架等服务。

有了包含这些知识的系统和手册，再通过充实的售后服务，对农业完全不了解的实业家只需要按照手册去操作播种到收获的过程，就能完成工作。

发挥化学厂商的综合能力

具备广泛的技术和知识的"化学厂商的持续性研究开发能力"（和贺昌之）也是三菱化学的强项。改良培养基、探讨照射光的波长模式、使用低成本材料等，通过不断改良上述内容所涉及的材料和知识，新的企业自不必说，就是对已经导入系统、接受售后服务的企业，三菱化学也可持续提供削减成本的提案。

扩充种植蔬菜的种类，加大种植高功能性蔬菜的力度，是为了便于客户将来扩大事业时能够追加或者变更培育好的种子。2014 年 7 月发表的山口大学与植物工厂签订的协议，也将强化这一点作为了目标之一。Plant Plant 扩大可以种植的高功能性蔬菜的品种，在客户的工厂内更换培育的新种子来实现事业的持续发展。

从获利角度决定专种嫩叶菜

Plant Plant 现在的种植对象是相对来说单价较高且品种较多的嫩叶菜。嫩叶菜是对发芽后 10~30 天即长出嫩叶的蔬菜的统称，可食用的就有 200 余种。因为要在叶片尚嫩的时候采摘，所以叶片虽小营养价值却很高，被定位为高附加值蔬菜。确定用作沙拉的混合蔬菜后，首先选出了日本水菜、乌塌菜、芝麻菜、红橡叶生菜等 10 种蔬菜 ①。

播种 20 天之后即可短期收获，发芽之后中途不必再移植到其他花盆去，这也是嫩叶菜的一个特点。Plant Plant 利用这些，采用了一种叫作"推拉滑动方式"的种植架来生产（图5-22）。

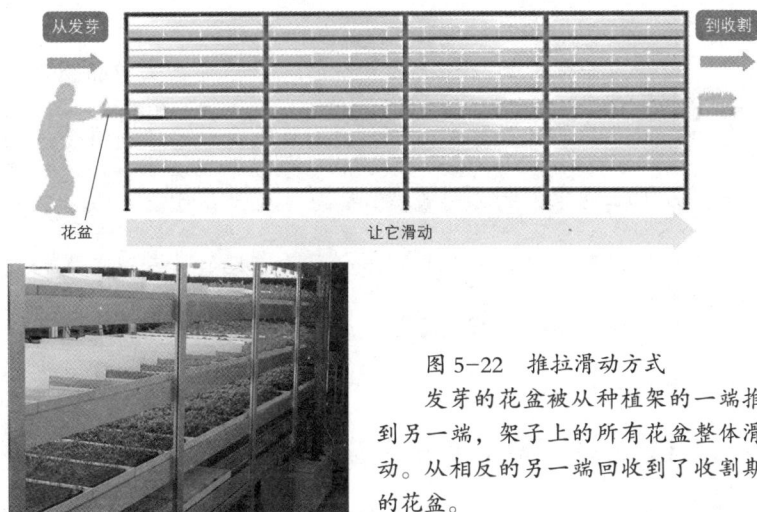

图 5-22　推拉滑动方式
　　发芽的花盆被从种植架的一端推到另一端，架子上的所有花盆整体滑动。从相反的另一端回收到了收割期的花盆。

同样的方式，发芽之后的花盆由工作人员放入种植架的一端，被像台球一样，在相反的一端挤出，回收收获期的花盆。工作人员主要的工作是将种植架两端的花盆推进去和回收被推出来的花盆，也就是说只需要进行收获作业。所以，很少的工

① 扩大培育嫩叶菜的品种是由今后的研究进展来决定的。

作人员就可以完成任务。这种种植作业的简易程度是没有农业生产经验的人也可以将其引进的原因之一。

▶▶ 津田驹公司为了种植嫩叶菜引进三菱化学的植物工厂系统：一边逐步扩大生产规模，一边斟酌种植的品种

引进三菱化学的植物工厂系统的客户之一是津田驹总服务（Tsudakoma General Service）公司（总部位于石川县金泽市，以下简称津田驹公司）。该公司是生产用于纺织机械和机床附件的厂商津田驹工业的子公司，曾经的主营业务是物业管理（建筑物的保养维修）及伤害保险等，现在通过植物工厂开始着手种植蔬菜。

津田驹公司在津田驹工业总部的基地内新建了建筑面积 $250\,m^2$（栽培室面积为 $120\,m^2$）的专用厂房。引进了 1 天可以生产 $15\,kg$ 嫩叶菜的生产设备（8 层的架子 $\times 4$ 台），2013 年 3 月下旬开始收割作物（图 5-23）。厂房的屋顶铺设了 36 张三菱化学销售的非晶硅薄膜型太阳能电池 "JOA 板 PV"，用于供给植物工厂的照明等的用电。

其实，津田驹公司引进的三菱化学的植物工厂系统是该

图 5-23 量产工厂
采用了三菱化学的植物工厂系统。

公司的第三代植物工厂（3级工厂）。该公司开始进军农业要追溯到 2006 年。当初探讨的是设立一个露天栽培的农业法人，但由于获取农地非常困难，所以打消了这个念头。之后，该公司开始探讨在充分利用本公司资源（基地）的基础上构建植物工厂。

首先，在工厂内面积四叠半（约 $9\,m^2$）左右的空地上设置了植物工厂（1级工厂）。照明设备是外购的，种植架是手工搭建的。在这里，主要目标是通过植物工厂来掌握生产蔬菜的基本知识。2010 年，津田驹公司在原医务室的原址（$40\,m^2$）中设置规模扩大了的2级工厂（图 5-24），在这里种植了散叶生菜（生菜的一种）、莴仔菜和甜罗勒等，1 天可生产 20 棵，尽管产量极少，但也开始了对外销售。

图5-24 2级工厂内部
迄今为止，用作实施各种实验的设备。

为了进一步扩大蔬菜种植业务，津田驹公司在扩大规模的同时也重新选择了种植品种。最终挑选的是销售单价高且种植周期短（大约20天）、可以有效利用种植空间的嫩叶菜。"因为可以种植嫩叶菜，所以从三菱化学引进了植物工厂系统。"津田驹总服务公司董事兼部长田中利明说。

图5-25 本公司开发的测试设备
供大学等研究机构开展共同研究。

津田驹公司今后计划开始开发自动化的种植设备，还提案与三菱化学共同开发搬运装置。他们不仅自制简易的种植实验设备，为了进一步提高商品的附加值，还开始了与大学的共同研究合作，目标是进一步扩大农业相关业务（图5-25）。

▶ 粮食生产：东芝

在无尘室大规模种植蔬菜

东芝公司使用闲置设备着手蔬菜生产。该公司将在神奈川县横须贺市所有的厂房转用为完全人工光型植物工厂，打造了在接近无菌状态下生产生菜、嫩叶菜、菠菜、水白菜等无农药蔬菜的"东芝无尘室横须贺农场"（图5-26）。

图 5-26　东芝的植物工厂"东芝无尘室横须贺农场"
运用原是闲置设备的软盘工厂无尘室，建成室内面积为 1969m^2 的植物工厂。绿叶生菜和嫩叶菜等的生产量在 300 万棵／年。

现在，着力于保健业务的该公司在医疗设备之外，也在改善食物、水、空气等生活环境，并在增进健康等领域下功夫。无农药蔬菜生产事业就是其中的一环。"想将之培育成能够承担保健事业的独当一面的事业。"新业务开发部战略企划负责组长有贺英雄表示。无尘室的种植，以细菌损伤少且能够长期保存为优势，目标年销售额约为 3 亿日元。

运用现有工厂的技术

大型电器生产商进军蔬菜生产，乍一看很是鲁莽。其实，东芝集团大致具备了在植物工厂生产无菌蔬菜所需要的主要技术。因为看准了"即使是已有的技术，使用的角度不同就会产生新的价值"（有贺英雄），所以东芝开始了生产蔬菜的事业。

横须贺的闲置设备来自曾经生产软盘的工厂，洁净度为 8 级，作为无尘室等级是比较低的，但对于实现蔬菜生产来说已经足够了。洗净水的重复利用技术和生产管理技术可以应用到营养液的紫外线杀菌和蔬菜的生产管理中[①]。另外，该公司持有的产业机器的远程监视技术等还可以应用于监视、控制栽培环境的传感器网络。

---

① 因为不需要半导体工厂那样大规模的水再生装置，于是改为使用面向植物工厂的小型化设备了。

集团企业掌握的产品和技术也被积极加以运用。例如，照明厂商东芝照明（总部位于神奈川县横须贺市）也同时销售适合植物生长波长的发光荧光灯"Plant Lux"；开发制造销售空调机器的东芝开利公司（总部位于川崎市）具有植物工厂内的空调控制热量泵技术。

"其理念，是尽可能利用现有的东西。"（有贺英雄）为了控制初期投资，东芝照明没有使用他们擅长的LED照明，而是采用了荧光灯照明，这也是从抑制成本的观点出发考虑的。

但是，该公司欠缺在运营植物工厂时所需要的蔬菜栽培技术。有贺英雄等人原本是半导体工厂的技术员。为了解决这一难题，他们从相关公司阿古力科技（AGRI SCIENCE，总部在长野县小诸市）借鉴了植物工厂的生产管理系统。

规模是重点

"东芝加入农业市场的余地很大。"有贺英雄说。今后，露天栽培蔬菜的稳定供应和安全性等将越来越被重视，东芝认为植物工厂生产的绿色安全蔬菜的需求量将会扩大。

但是，是否能够成就事业则"与半导体相同，必须有一定的规模"（有贺英雄）。通过研究和分析率先进入植物工厂的实业家的案例可得出结论，最低也要达到5000棵/天的产量，如果条件允许，应建立产量规模在 10000 棵 / 天的工厂。基于上述研究，东芝制订了生产量为 8400 棵 / 天（约 300 万棵 / 年）的计划。

东芝不固守于单价高的功能性蔬菜，采用了大量供应每日日常蔬菜的战略。随着双职工及单身人口的增加，蔬菜的需求量会加大。因此，顺应消费者一整年用固定价格购买且按天供应的诉求，以超市、便利店和饮食业等为中心开始销售[①] 蔬菜是不二之选。

从畜牧业到机器商务

东芝也考虑在海外增设植物工厂。2014 年，东芝开始在包括中国在内的亚洲地区修建文章开头所说的大型植物工厂。在中国等地，吃蔬菜的习惯根深蒂固，那里也有对在无尘室生产出来的、清洁、安全蔬菜的巨大需求。此外，东芝也在中东地区有效利用珍贵的水源来生产蔬菜，在俄罗斯等寒冷地带，一整年都能稳定供应蔬菜是一个有力的竞争武器。

东芝的农业相关事业绝不仅限于植物工厂（图 5-27）。如果完全人工光型的植物工厂取得成功，东芝就会考虑进军更低

① 东芝并没有否定功能性蔬菜。该公司通过控制生长环境，也着手生产富含多酚和维生素 C 的功能性蔬菜。

开展设备器材业务	从植物工厂转向其他产业	地域拓展
着手于相关机器、ICT系统等既存的技术、植物工厂的解决方案、保鲜运输、水的利用等有效技术	从设施园艺人工光型的植物工厂起向农林水产、养殖等领域进行地域拓展	从日本国内起步依次拓展到中国、亚洲各国、中东、新兴国家

植物工厂相关的机器

植物工厂ICT

植物工厂的解决方案

与厨房家电合作

运输·保鲜设备技术

水的再生利用技术

完全人工光型
植物工厂
（生产蔬菜）

设施园艺
（生产蔬菜·瓜果）

一般农业
（蔬菜·瓜果·鲜花）

农林水产·畜牧业·养殖业
（牛、鸡鸭、鱼类）

全国展开

中国展开

亚洲展开

中东、俄罗斯展开

新兴国家展开

图 5-27　东芝开展的农业相关事业

立足于完全人工光型的植物工厂，拓展到畜牧业，同时还计划提供相关系统和ICT技术、基础设施等业务。

成本的设施园艺，也生产蔬菜和瓜果。将来，东芝还将发展露天生产蔬菜、畜牧、养殖等事业，更广泛地着手于粮食生产。

不仅是生产蔬菜，东芝还探讨了销售植物工厂系统，销售环境控制系统所需ICT技术、水的再生利用技术，考虑从多方面扩大关于"食品"的业务。

▶粮食生产：爱丽思欧雅玛

　不断重新审视常识的新精米工场

　活用宠物食品生产等知识

　　2014 年 7 月，爱丽思欧雅玛和农业法人舞台农场（总公司位于仙台市）共同出资的精米事业公司"舞台阿古力创新"的亘理精米工厂（宫城县亘理町）开始投入生产。其拥有 10 万吨/年的碾米能力，且具备最大管理 4.2 万吨（即 4.2 万张托盘分量）糙米/精米入库/出库的能力，是占地面积约为 22830 m² 的巨大工厂（图 5-28）。

图 5-28　舞台阿古力创新的碾米工厂
在面积为 22830 m² 的地面上修建建筑面积在 11500m² 以上的工厂。管理 42000 吨的糙米/精米的自动仓库，具备 10 万吨/年的碾米能力（a）。工厂的 1 楼设置了 6 台 50 吨/日处理能力的碾米机（b）。全自动化生产线，从糙米出库到精米包装，几乎没有人工操作。

　　该工厂的最大特征，是从糙米保管到精米包装的全过程，环境温度均保持在 15℃ 以下，即使用"全冷制法"来保鲜大米。

而且，每三合（一合的体积为180mL）一包的少量装袋、独立包装状态，既能防止大米新鲜度下降又便于食用。这充分体现了爱丽思欧雅玛特有的想法和技术。

从提案开始历时半年多规划出巨大工厂

爱丽思欧雅玛想建造一个有巨大仓库的碾米厂。"舞台阿古力创新"的诞生是当时在舞台农场的石川哲也（现任舞台阿古力创新事业总部事业部长）在2013年1月与爱丽思欧雅玛公司的董事长大山健太郎讨论时提起的。一方面可以发挥爱丽思欧雅玛的制造技术和全国销售网络的作用，另一方面又能作为企业复兴事业的一个环节，尝试进军造米事业。

两公司的想法统一之后，碾米工厂的构思急速开展。然而，舞台农场本来预计的是打造一个总建设费用约在3亿~4亿日元规模的工厂。没想到，在构思的过程中大山健太郎不断地提出新的想法进而扩大了规模。3个月之后，他们发布了舞台阿古力创新的设计方案。同年8月末，在亘理工厂的建设发布会上，总施工费用已变为70亿日元，占地面积超过53000 m²。如此巨大的建设计划出台了。

构筑独有的捆包生产线

"令人瞠目结舌的事接二连三地发生。"石川哲也说。大山健太郎基于制造业的想法和他们公司的技术所提的方案对从事农业的人来

图 5-29　工厂 1 楼的包装生产线
活用爱丽思欧雅玛公司的宠物食品包装生产线积累的技术，自动化装袋。

说都是很新奇的。其中最引人注目的是包装生产线（图 5-29）。

精米行业有作为标准使用的打包机，农业相关的企业个人一般都会考虑使用此打包机进行包装。但是大山健太郎不同。"分析现有的包装材料和包装机，如果有问题，做一个新的东西不就行了吗？"要想将巨大仓库里放置的大量米碾制成精米，就必须做一个有相应处理能力的打包设备，这就是大山健太郎的主张。

前道工序（碾米）和后道工序（包装）的处理能力要齐平。并且，生产线不能产生中间库存。而"在农业生产中是不存在这种想法的"（石川哲也）。

本来，标准的大米打包机是按照 2/5/10kg 的规格大小进行包装的，封袋速度比较慢。但是，舞台阿古力创新公司却认为"每个家庭都是按照几合为单位来蒸饭的，所以小包装用起来方

便"（石川哲也），因此考虑每三合一包装。尽管打包的工时和材料增加是成本上升的因素，但只包装所需要的量，也可以防止客户购入大米后其新鲜度变差。

大山健太郎将爱丽思欧雅玛公司的技术员带来，根据工厂300吨/天的最大碾米能力开发了独有的包装生产线。就这样，不通过人手，速度为50包/分钟的专用打包机诞生。

来自宠物食品生产的提示

其实，大山健太郎的这个想法也曾出现在爱丽思欧雅玛的宠物食品制造中。曾经是大袋包装的宠物食品分成少量的小包装之后竟变成了畅销商品。这个经验和技术也适用于大米。

三合一包装、四袋一起封装的机器也受到了宠物垫的打包机械的启发。"制造并包装过各种产品的爱丽思欧雅玛公司的技术是有生命力的。"（石川哲也）

改为三合包装后，为了防止出厂后大米氧化，要在包装袋里放脱氧剂，这些都是制造宠物食品时的经验（图5-30）。"虽然针对大米

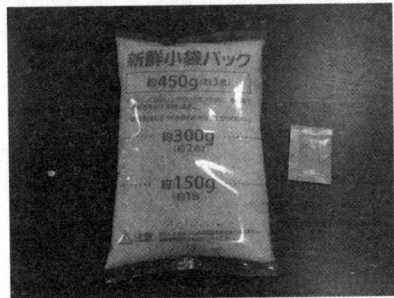

图 5-30　三合包装
　为了防止出厂后大米氧化，每一小袋中均放有脱氧剂。

没有人这么做，但宠物食品分别在小量包装的包装袋里放脱氧剂是再正常不过的事。"（石川哲也）

上游生产线低温的话下游也低温

前文介绍的全冷制法也是大山健太郎的想法。一般来说，糙米为了防止变质，需在15℃以下的低温环境储藏，精米加工之后可在常温中存放。将低温状态的糙米放入常温环境的碾米机器中加工时大米的表面会凝结，受其影响有时会造成机械停机。为此，需要先将糙米的温度回升至常温再放入碾米加工机中加工，这是精米行业的常识。精米加工也要常温保存。

大山健太郎在这一常识中提出了新的想法。"有什么必要在精米加工前要先将温度回升至常温？就这样在15℃以下进行碾米加工的话，新鲜度也不会被破坏，不是更好吗？"也就是说，加工后的精米也像这样低温保存可以保持鲜度，极少人手参与的碾米加工从包装到保存都控制在低温的清洁环境下进行。基于这样的构思，全冷制法诞生了。

"说起来其实谁都明白，但谁也没想过这么干。业务和制造业交叉才能产生新的想法和技术。"石川哲也感慨道。

类似树脂颗粒

自动仓库也建立在爱丽思欧雅玛公司技能的基础上（图 5-31）。其实，以 1 吨为单位进行麻袋包装的糙米形态和喷塑成型中使用的树脂颗粒一模一样。大山健太郎看到这点，提出引进类似树脂颗粒仓库的自动仓库。由此，4.2 万吨的大米以吨为单位连带托盘一起管理，实行了出货进货、生产日期等可以通过自动仓库实现可追溯性的详尽管理。

图 5-31　有 4 层建筑的自动化仓库和糙米
（a）入库口处有 28 个车道，用 14 台吊车驱动托盘。（b）一个托盘可以承载 1 吨糙米。各个托盘标注着各自的 ID 编号，最多可以管理 4.2 万个托盘，因此可以确保可追溯性的详尽管理。

精米生产线从上游运行到下游也是该工厂的独创模式。从自动仓库的 4 楼出库，在 3 楼将异物或者不良大米去除（筛选），然后到 2 楼碾米加工，1 楼打包，这样的布局很少见。一般而言，比较常见的碾米加工工厂是一个很大的平房，厂房内横向排满各种设备。所以，大米将在水平方向移动 1km 以上的距离。与此相对，在舞台阿古力创新公司的碾米工厂，大米的移动距离只需要几十米。这样既能减少运送大米的负担，也能防止大米的损伤和变质。

"从精米加工到包装，无停顿地自动化生产的思想是工业的观点。农业法人自己是想不到的。"石川哲也说。参观过工厂的农家也非常吃惊。这是一个崭新的碾米工厂形式，从有这个话题开始仅仅一年半左右就开始启动生产了，这得益于爱丽思欧雅玛公司的技术储备和经验。

2014年秋天，工厂正式启动，从新大米的碾米加工作业开始。目标是4年之内实现24小时全负荷运转。将来，爱丽思欧雅玛公司计划在北海道和九州等日本东北地区之外的地区修建同样的大型精米加工工厂。

▶ **粮食生产：会津富士加工**
  向其他公司提供功能性蔬菜的栽培技巧
  特许经营确保产量

会津富士加工公司（总部位于福岛县会津若松市）[1] 将半导

---

① 会津富士加工作为富士加工（总部位于东京）的会津工厂从1967年开始运营，1982年分离为独立公司。

体工厂的无尘室转用为完全人工光型的植物工厂，并在那里生产、销售低钾生菜（图5-32）。该公司生产的低钾生菜"医生蔬菜"的钾含量在一般绿叶生菜的1/5以下，这种稀缺的功能性蔬菜，在肾脏病人等限制钾的摄取量的人群中有很高的需求。

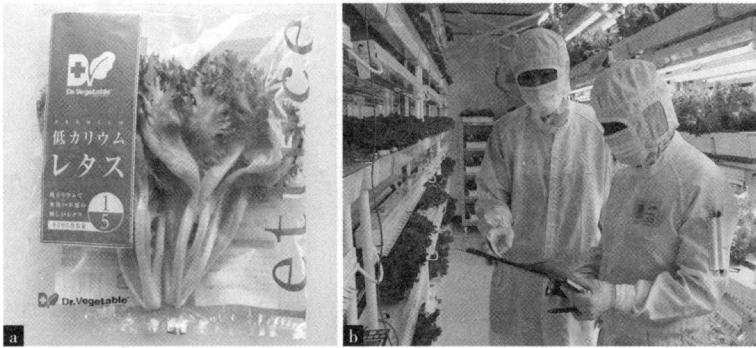

图5-32 会津富士加工在植物工厂培植的低钾生菜
（a）与一般露天栽培的蔬菜相比，钾含量减至1/5的生菜对肾脏病患者等有钾摄取量限制的人来说人气很高。（b）栽培的条件必须严格控制，可以说只有植物工厂才可以种植这类作物。

除了有这样的高附加价值，该公司业务的另一个特征，是将低钾生菜的栽培技术提供给其他公司，让他们作为特许经销商进行生产。截至2014年9月，会津富士加工已经与4家企业签订特许经营合同，今后这一数量将继续增加。

特许经营确保产量

签订特许经营合同后，相关企业会派人在会津富士加工的植物工厂实习约 2 周，之后到开始量产为止，会津富士加工会派遣指导员到现场。有特许经营合同的植物工厂生产的低钾生菜会接受会津富士加工的最终检验，钾含量等指标符合标准的产品全部由会津富士加工收购①。

对会津富士加工来说，不需要大规模的设备投资还能增加产量，因此在开发栽培技术和扩展销路上所花费的成本回收起来就比较容易。此外，对于特许经营公司来说，它的好处就是可以跳过储备栽培技巧以及确保销售途径等辛苦过程，只要在自家公司内专注提高生产效率即可。

已经签约的 4 家公司之中，最早加盟的是京都的农业生产法人，其他 3 家公司都是制造业企业②。例如，为航空飞机补充动力以及给航空特殊设备进行维修、制造快餐车的 AGP 公司（总部位于东京）在千叶县横芝光町新设植物工厂，于 2014 年 8 月开始生产。该植物工厂占地面积约为 1100 m^2，保持着 4000 棵/天的生产能力。

今后的计划也排得很满。2014 年 9 月，生产运送器械的昭和飞行机工业（总部位于东京都昭岛市）改建了昭岛工厂内的

① 具体标准是每 100 g 蔬菜中含钾量低于 100 mg。

② 最早签订特许合同的农业法人是高科技农场。2013 年 11 月更新了在京都府南丹市的植物工厂后，以 1500 棵/天的规模开始生产低钾生菜。

一部分（900 m²）并投入生产，目标是每天生产 2500 棵。此外，2014 年秋，片仓工业也开始生产。生产汽车部件的加须工厂（埼玉县加须市）也计划设置生产能力为 3800 棵 / 天的植物工厂（占地约 1000 m²）。

会津富士加工的植物工厂的生产能力已达到 300 棵 / 天。通过特许经营的方式展开后，有望增加几十倍的生产能力①。

降低人体必需要素钾

会津富士加工曾经经营半导体的后期工序加工，受客户生产量减少等因素的影响，2010 年决定停止该项业务。作为新业务，会津富士加工曾经讨论过护理业务，但最终决定的是蔬菜种植。当时正好是植物工厂的蔬菜开始在超市等地上架的时期。因此，利用曾用于半导体组装的无尘室，该公司设置了生产叶类蔬菜的植物工厂。

尽管如此，考虑到有限的生产规模和露天栽培的蔬菜竞争，会津富士加工在价格上很难取胜，因此，该公司考虑加上一些附加价值，最初尝试种植通过降低硝酸盐含量从而降低了涩味和苦味的蔬菜，但他们觉得只有这一个特征是很难维持这项业

① 在富士通的"会津若松秋彩蔬菜工厂"生产的低钾生菜也是会津富士加工提供的栽培技术，但并没有签订特许合同。

务的。在进一步讨论附加价值的课题之后，公司关注到了低钾方向 ①。

在植物工厂是否能够生产含钾量少的蔬菜？有了这样的想法，又得到了以前在秋田县立大学任副教授的小川敦史曾成功栽培过低钾菠菜的信息，会津富士加工马上着手和小川敦史合作，共同开发低钾生菜。2012 年 4 月，低钾生菜的量产化首次在日本成功，并于 2012 年 10 月开始销售。

实现低钾蔬菜的生产，就必须尽量减少氮气、磷酸、钾等这些在植物成长过程中缺一不可的要素之一——钾的含量。在某一成长阶段提供钾，过了那个阶段之后钾的供应量要减少。时机和量的控制都非常重要。只有在能够缜密地控制环境的植物工厂才能做出这样高附加价值的产品。

生菜之外的低钾化

除生菜之外，会津富士加工还在研究甜瓜、番茄、草莓的低钾化，已经成功将甜瓜中钾的含量减少到正常含量的 1/4。在2013 年年底有 600 个，且 2014 年 4 月有 300 个定量销售，面市后马上就被抢购一空并得到了广泛好评（图 5-33）。

---

① 起因是 2011 年 3 月 11 日的东日本大地震，当他们知道避难的透析病人吃不到足够的蔬菜这一实情之后。

实际生产是与居住在静冈县的甜瓜瓜农合作实现的。将甜瓜栽培的技巧和低钾化的技巧相融合。然而，与生菜不同，甜瓜是在土地上栽培的，要想实现这一目标有较高的难度。

截至2014年，番茄还处在与栃木县的番茄农家共同研究的阶段（图5-34）。为

图 5-33　低钾甜瓜
　　由静冈县的农家培植。2013年底和2014年春天开始限量销售，全部售空。

实现降低钾的含量和增加收成两项目标，会津富士加工还在反复进行尝试。

图 5-34　栽培的番茄
　　在"Agro innovation 2013"（2013年10月23日—25日，东京台场）展览会上展出的试验种植的低钾番茄。

"精益制造"专家委员会

齐二石　天津大学教授（首席专家）

郑　力　清华大学教授（首席专家）

李从东　暨南大学教授（首席专家）

江志斌　上海交通大学教授（首席专家）

关田铁洪（日本）　原日本能率协会技术部部长（首席专家）

蒋维豪（中国台湾）　益友会专家委员会首席专家（首席专家）

李兆华（中国台湾）　知名丰田生产方式专家

鲁建厦　浙江工业大学教授

张顺堂　山东工商大学教授

许映秋　东南大学教授

张新敏　沈阳工业大学教授

蒋国璋　武汉科技大学教授

张绪柱　山东大学教授

李新凯　中国机械工程学会工业工程专业委会委员

屈　挺　暨南大学教授

肖　燕　重庆理工大学副教授

郭洪飞　暨南大学副教授

毛少华　广汽丰田汽车有限公司部长

金　光　广州汽车集团商贸有限公司高级主任

姜顺龙　中国商用飞机责任有限公司高级工程师

张文进　益友会上海分会会长、奥托立夫精益学院院长

邓红星　工场物流与供应链专家

高金华　益友会湖北分会首席专家、企网联合创始人

葛仙红　益友会宁波分会副会长、博格华纳精益学院院长

赵　勇　益友会胶东分会副会长、派克汉尼芬价值流经理

金　鸣　益友会副会长、上海大众动力总成有限公司高级经理

唐雪萍　益友会苏州分会会长、宜家工业精益专家

康　晓　施耐德电气精益智能制造专家

缪　武　益友会上海分会副会长、益友会/质友会会长

东方出版社

广州标杆精益企业管理有限公司

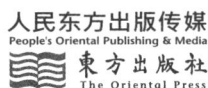

標杆精益®
BENCHMARK LEAN

人民东方出版传媒
People's Oriental Publishing & Media
东方出版社
The Oriental Press

东方出版社助力中国制造业升级

定价：28.00元

定价：32.00元

定价：32.00元

定价：32.00元

定价：32.00元

定价：32.00元

定价：30.00元

定价：30.00元

定价：32.00元

定价：28.00元

定价: 28.00 元

定价: 36.00 元

定价: 30.00 元

定价: 32.00 元

定价: 32.00 元

定价: 32.00 元

定价: 38.00 元

定价: 26.00 元

定价: 36.00 元

定价: 22.00 元

定价: 32.00 元

定价: 36.00 元

定价: 36.00 元

定价: 36.00 元

定价: 38.00 元

定价: 28.00 元

定价: 38.00 元

定价: 36.00 元

定价: 38.00 元

定价: 36.00 元

定价: 36.00 元

定价: 46.00 元

定价: 38.00 元

定价: 42.00 元

定价: 49.80 元

定价: 38.00 元

定价: 38.00 元

定价: 38.00 元

定价: 45.00 元

定价: 52.00 元

定价: 42.00 元

定价: 42.00 元

定价: 48.00 元

定价: 58.00 元

定价: 48.00 元

定价: 58.00 元

定价: 58.00 元

定价: 42.00 元

定价: 58.00 元

定价: 58.00 元

定价: 58.00 元

定价: 58.00 元

图字：01–2017–9074 号

图书在版编目（CIP）数据

工业 4.0 之智能工厂 / 日本日经制造编辑部 著；石露，杨文 译 .
—北京：东方出版社，2018.5
（精益制造；053）
ISBN 978–7–5207–0263–8

Ⅰ .①工⋯ Ⅱ .①日⋯ ②石⋯ ③杨⋯ Ⅲ .①智能制造系统—制造工业—研究 Ⅳ .① F407.4

中国版本图书馆 CIP 数据核字（2018）第 044622 号

精益制造 053：工业 4.0 之智能工厂
（ JINGYI ZHIZAO 053：GONGYE 4.0 ZHI ZHINENG GONGCHANG ）

作　　者：日本日经制造编辑部
译　　者：石　露　杨　文
责任编辑：崔雁行　　吕媛媛
出　　版：东方出版社
发　　行：人民东方出版传媒有限公司
地　　址：北京市朝阳区西坝河北里 51 号
邮　　编：100028
印　　刷：三河市中晟雅豪印务有限公司
版　　次：2018 年 5 月第 1 版
印　　次：2019 年 12 月第 2 次印刷
开　　本：880 毫米 ×1230 毫米　1/32
印　　张：7.75
字　　数：134 千字
书　　号：ISBN 978–7–5207–0263–8
定　　价：58.00 元
发行电话：（010）85924663　85924644　85924641